CHINA
INTERNET FINANCE INDUSTRY REPORT
2021

中国互联网金融年报

中国互联网金融协会 ◎ 编著

中国金融出版社

责任编辑：王雪珂
责任校对：刘　明
责任印制：程　颖

图书在版编目（CIP）数据

中国互联网金融年报.2021/中国互联网金融协会编著. —北京：中国金融出版社，2022.1

ISBN 978-7-5220-1494-4

Ⅰ.①中… Ⅱ.①中… Ⅲ.①互联网络—应用—金融—中国—2021—年报 Ⅳ.①F832.2-54

中国版本图书馆CIP数据核字（2022）第016807号

中国互联网金融年报 2021
ZHONGGUO HULIANWANG JINRONG NIANBAO 2021

出版
发行　中国金融出版社
社址　北京市丰台区益泽路2号
市场开发部　（010）66024766，63805472，63439533（传真）
网 上 书 店　www.cfph.cn
　　　　　　（010）66024766，63372837（传真）
读者服务部　（010）66070833，62568380
邮编　100071
经销　新华书店
印刷　北京侨友印刷有限公司
尺寸　210毫米×285毫米
印张　10
字数　168千
版次　2022年2月第1版
印次　2022年2月第1次印刷
定价　159.00元
ISBN 978-7-5220-1494-4
如出现印装错误本社负责调换　联系电话（010）63263947

《中国互联网金融年报（2021）》编委会

主 任 委 员：李东荣

副主任委员（以姓氏笔画为序）：

井贤栋　朱　光　朱　勇　刘　扬　刘　萍　刘向民

刘宏华　江　阳　李　伟　李礼辉　李如东　杨　农

何红滢　何肖锋　余文建　邹　澜　张文红　陆书春

罗　扬　姚余栋　柴洪峰　郭宁宁　黄宝新　黄益平

盛松成　温信祥　谢　平　谢一群

委　　　员（以姓氏笔画为序）：

马玉娟　王新华　毕新华　孙崇昌　李　健　杨　彬

辛　路　沈一飞　陆　杨　陈则栋　罗晓强　金　红

周国林　单剑锋　柳　楠　侯玘松　詹景瑞　薄丽丽

统　　　稿：张黎娜　肖　翔

序　言

近年来，在大数据、云计算、移动互联网等信息技术快速发展的推动下，以互联网支付、网络借贷（P2P）、股权众筹等为代表的互联网金融发展迅速，业务形态日趋多元，在提高金融服务效率，降低交易成本，满足多元化投融资需求，提升金融服务的普惠性和覆盖面等方面，发挥了积极作用。

互联网金融本质上仍是金融，没有改变金融风险的隐蔽性、传染性、突发性和较强的负外部性特征，而且由于互联网属性，其风险的波及面更广、扩散速度更快、溢出效应更强。当前，互联网金融在快速发展中积累了一些问题和风险：某些业态偏离了正确的创新方向，部分机构风险意识、合规意识、消费者权益保护意识不强，反洗钱、反恐怖融资制度缺失，有些甚至打着"金融创新"的幌子进行非法集资、金融诈骗等违法犯罪活动。特别是近期爆发的一系列风险事件，对行业声誉造成了较大负面影响，引起社会各界高度关注，规范互联网金融发展成为广泛共识。

党中央、国务院高度重视互联网金融发展和风险防范工作。2015年7月，经党中央、国务院同意，中国人民银行会同十部委发布了《关于促进互联网金融健康发展的指导意见》，明确了互联网金融监管的总体要求、原则和职责分工。2015年12月，中央经济工作会议明确要求抓紧开展互联网金融领域专项整治，规范发展互联网金融。2016年10月，国务院办公厅发布《互联网金融风险专项整治工作实施方案》，对互联网金融风险专项整治工作进行了全面部署安排，人民银行和相关部门也对各自监管领域分别提出实施方案。这一系列工作背后体现了党中央、国务院的高瞻远瞩，当前互联网金融各业态中所存在的乱象与畸形发展必须先破而后立，激浊而扬清。

行业自律是对行政监管的有益补充和有力支撑，也是创新监管的重要内容。在互联网金融规范发展方面，搭建行政监管与行业自律有机结合的管理体制是当前业界的共识。正是在此背景下，国务院批准成立了中国互联网金融协会。作为全国性的行业自律组织，中国互联网金融协会承担着制定互联网金融经营管理规则和行业标准，促进从业机构业务交流和信息共享，建立行业自律惩戒机制等重要职责，各界均给予重要期望。

目前，尚处在新兴阶段的互联网金融业态多样，创新纷呈，业界和学界出版了若干报告，基于不同视角就互联网金融进行了有益探讨，但在全面性、系统性、客观性等方面有所不足。相较而言，这本中国互联网金融协会组织编著的互联网金融年报，基于主要互联网金融业态的划分，以2015年各业态总量与抽样发展数据为依托，佐以正反两方面实际案例，从概念沿革、发展模式、发展现状、困难挑战、趋势展望等方面对我国互联网金融发展的客观实际进行了较全面的研究探讨。该书可为政策制定者、从业人士、研究人员提供较为全面翔实的参考资料，也可帮助消费者系统地了解掌握互联网金融知识、提高风险意识。

最后，希望我国互联网金融逐渐正本溯源，不断树立行业正面声誉，持续为服务实体经济，促进金融普惠添砖加瓦。

潘功胜

中国人民银行副行长

2016年11月

（此序为中国人民银行副行长潘功胜为中国互联网金融协会2016年发布的首部年报所作）

目　录

第一章　互联网金融发展总体现状

第一节　2020年互联网金融发展环境 ……………………………………………… 3
第二节　2020年互联网金融总体发展情况 ………………………………………… 13
第三节　互联网金融发展的主要问题与挑战 ……………………………………… 16
第四节　互联网金融的发展趋势与展望 …………………………………………… 17

第二章　网络支付

第一节　2020年网络支付发展情况 ………………………………………………… 23
第二节　网络支付的发展环境 ……………………………………………………… 25
第三节　网络支付的主要问题与挑战 ……………………………………………… 27
第四节　网络支付的发展趋势与展望 ……………………………………………… 29

第三章　网络小额贷款

第一节　2020年网络小额贷款发展情况 …………………………………………… 33
第二节　网络小额贷款的发展环境 ………………………………………………… 38
第三节　网络小额贷款的主要问题与挑战 ………………………………………… 40
第四节　网络小额贷款的发展趋势与展望 ………………………………………… 41

第四章　互联网保险

第一节　2020年互联网保险发展情况 …………………………………… 45

第二节　互联网保险的发展环境 …………………………………………… 50

第三节　互联网保险的主要问题与挑战 …………………………………… 51

第四节　互联网保险的发展趋势与展望 …………………………………… 53

第五章　互联网银行

第一节　2020年互联网银行发展情况 …………………………………… 57

第二节　互联网银行的发展环境 …………………………………………… 61

第三节　互联网银行的主要问题与挑战 …………………………………… 63

第四节　互联网银行的发展趋势与展望 …………………………………… 64

第六章　互联网消费金融

第一节　2020年互联网消费金融发展情况 ……………………………… 69

第二节　互联网消费金融的发展环境 ……………………………………… 75

第三节　互联网消费金融的主要问题与挑战 ……………………………… 78

第四节　互联网消费金融的发展趋势与展望 ……………………………… 80

第七章　互联网证券

第一节　2020年互联网证券发展情况 …………………………………… 85

第二节　互联网证券的发展环境 …………………………………………… 90

第三节　互联网证券的问题与挑战 ………………………………………… 92

第四节　互联网证券的发展趋势与展望 …………………………………… 93

专题

专题1　我国上市金融机构金融科技应用情况 …………………………………… 97

专题2　移动金融客户端应用软件行业安全分析报告 …………………………… 105

专题3　网上银行服务企业标准"领跑者"评估情况 …………………………… 114

专题4　银行函证数字化业务研究报告 …………………………………………… 122

专题5　运用新技术促进数据要素融合发展 ……………………………………… 128

专题6　非自然人网络商户反洗钱风控实践 ……………………………………… 135

附录1　2020年中国互联网金融大事记 ………………………………………… 144

附录2　移动金融客户端应用软件（App）备案总体情况时序表 ……………… 149

后记 …………………………………………………………………………………… 150

第一章
互联网金融发展总体现状

- 2020年互联网金融发展环境
- 2020年互联网金融总体发展情况
- 互联网金融发展的主要问题与挑战
- 互联网金融的发展趋势与展望

第一节　2020年互联网金融发展环境

2020年是极不平凡的一年，面对新冠肺炎疫情大流行和复杂严峻的国内外发展环境，在以习近平同志为核心的党中央坚强领导下，我国统筹疫情防控和经济社会发展工作取得重大成果，"十三五"规划圆满收官，国民经济总体发展平稳。互联网金融风险专项整治取得积极成效，互联网金融风险得到全面治理，监管政策逐步优化，人工智能、大数据、云计算、区块链等新一代信息技术在金融领域应用更加广泛深入，行业自律作用持续有效发挥，长效监管体制机制进一步完善。

一、国民经济平稳运行，周期性、结构性等问题与疫情冲击交织存在，互联网金融发展的宏观形势复杂多变

2020年，面对突如其来的新冠肺炎疫情、世界经济深度衰退等多重严重冲击，我国坚持高质量发展方向不动摇，统筹疫情防控和经济社会发展，国民经济保持平稳运行，在全球主要经济体中唯一实现经济正增长，但疫情影响下的全球经济发展不稳定不确定性因素增多，给互联网金融带来较大市场潜力和发展空间的同时也带来一定的困难和挑战。

（一）经济运行总体较为平稳，产业结构持续优化

2020年，受新冠肺炎疫情冲击和影响，第一季度我国国内生产总值同比下降6.8%，党中央、国务院统筹推进疫情防控和经济社会发展，从第二季度开始经济逐渐恢复，国内生产总值持续回升。全年，国内生产总值达101.60万亿元，按可比价格计算，同比增长2.3%。分产业看，第一、第二、第三产业增加值分别为7.78万亿元、38.43万亿元、55.40万亿元，同比分别增长3.00%、2.60%、2.10%（见图1-1）。

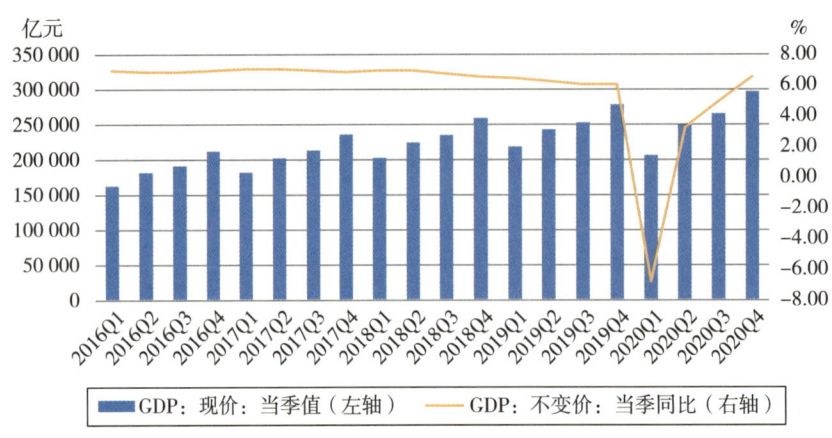

图1-1　2016—2020年中国经济增长情况

（数据来源：Wind资讯，中国互联网金融协会整理）

从产业增加值占GDP比重看，第一产业为7.7%，同比上升0.59个百分点；第二产业为37.8%，同比下降1.17个百分点；第三产业为54.5%，同比提高0.58个百分点。从对经济增长的贡献率看，三大产业分别约为9.5%、43.3%和47.3%（见图1-2）。

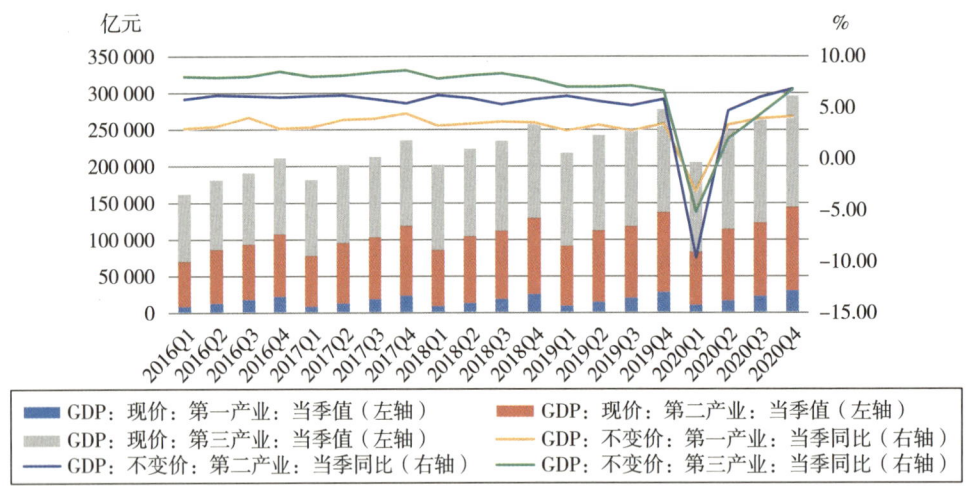

图1-2　2016—2020年中国经济增长按产业分类

（数据来源：Wind资讯，中国互联网金融协会整理）

（二）居民收入水平总体保持平稳，内需潜力持续释放

2020年，受新冠肺炎疫情影响，居民人均可支配收入增速和人均消费支出略有下降，但总体保持相对平稳。全国居民人均可支配收入和人均消费支出分别为32 189元和21 210元，同比分别增长4.7%和下降1.6%；扣除价格因素的影响后，实际分别增长2.1%和下降4.0%。按常住地分，城镇居民和农村居民人均消费支出分别为27 007元和13 713元，同比分

第一章　互联网金融发展总体现状

别下降3.8%和增长2.9%；扣除价格因素的影响后，实际分别下降6.0%和0.1%（见图1-3）。

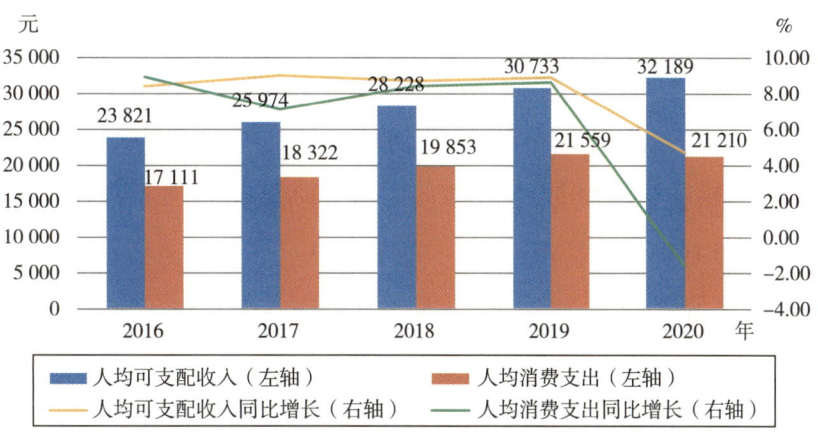

图1-3　2016—2020年中国居民收入和支出情况

（数据来源：国家统计局，中国互联网金融协会整理）

2020年，我国居民消费正处在由生存型消费向发展型消费、物质型消费向服务型消费、传统型消费向新型消费转变的关键期，受新冠肺炎疫情影响，衣着、生活用品及服务、交通通信、教育文化娱乐、医疗保健等方面的人均消费支出较上年相应分别下降7.5%、1.7%、3.5%、19.1%、3.1%，占人均消费支出总额的比重分别为5.8%、5.9%、13%、9.6%、8.7%（见图1-4）。疫情发生以来，网络支付、互联网理财、互联网保险等互联网金融业务，依托数字技术应用，不间断地提供多元化互联网金融产品和服务，在满足居民"非接触式"金融服务需求等方面发挥了积极作用。

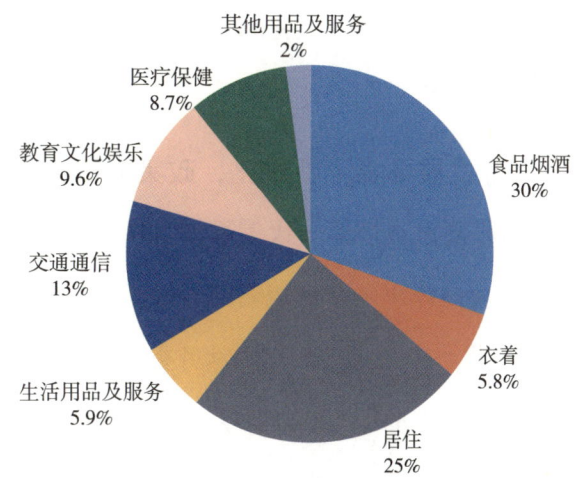

图1-4　2020年中国居民消费支出类型分布

（数据来源：国家统计局，中国互联网金融协会整理）

（三）货币政策保持稳健中性，金融对实体经济支持力度持续加强

2020年，我国坚持稳中求进工作总基调，保持更加灵活适度的稳健性货币政策，社会融资规模保持适度增长。截至2020年末，广义货币M2、狭义货币M1和流通中货币M0的余额分别为218.7万亿元、62.6万亿元和8.4万亿元，同比分别增长10.1%、8.6%和9.2%；社会融资规模存量284.83万亿元，同比增长13.3%，全年社会融资规模增量34.86万亿元，同比增加9.19万亿元，对实体经济发放的人民币贷款为171.6万亿元，同比增长13.3%（见图1-5）。

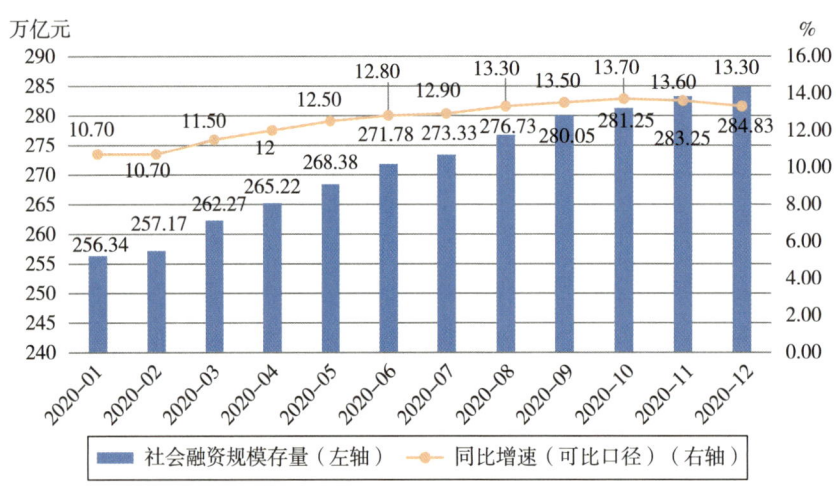

图1-5　2020年中国社会融资规模

（数据来源：中国人民银行，中国互联网金融协会整理）

二、信息技术持续稳定发展，金融场景应用不断深化，为互联网金融的发展提供了坚实保障

（一）新一代信息技术发展环境不断优化，政策支持力度进一步加大

2020年，党中央、国务院高度重视新一代信息技术发展，针对工业互联网、移动物联网、5G等新一代信息技术发展作出一系列战略部署，为其在金融领域的探索应用提供了重要遵循和支持。2020年3月，中共中央政治局常务委员会召开会议，提出要加快5G网络、数据中心等新型基础设施建设进度。2020年5月，政府工作报告指出，要提高科技创新支撑能力，稳定支持基础研究和应用基础研究，加强关键核心技术攻关。2020年3月，工业和信息化部发布《关于推动工业互联网加快发展的通知》（工信厅信管〔2020〕8

号），提出要推动工业互联网在更广范围、更深程度、更高水平上融合创新，培植壮大经济发展新动能，支撑实现高质量发展。2020年4月，工业和信息化部发布《关于深入推进移动物联网全面发展的通知》（工信厅通信〔2020〕25号），提出要加快推进5G网络建设，继续深化4G网络覆盖，要加强移动物联网标准和技术研究，面向金融支付等重点领域，推进移动物联网终端、平台等技术标准及互联互通标准的制定与实施。此外，《网络安全审查办法》《数据安全法（草案）》《个人信息保护法（草案）》等法律法规陆续出台，数据安全、互联网市场秩序制度不断完善，信息化发展环境持续优化。

（二）互联网普及率不断提高，互联网金融应用潜力持续释放

2020年，5G等网络基础设施建设快速发展，多个城市已实现5G试点和应用示范，截至2020年末，我国已建成5G基站超71.8万个，5G用户快速增长，5G终端连接数超过2亿。在网络基础设施不断完善、提速降费工作持续推进、商业模式大力创新等因素的综合推动下，我国网民规模保持平稳增长。截至2020年12月，我国网民规模达9.89亿人，较2020年3月增长9.45%，互联网普及率达70.4%，较2020年3月提升了5.9个百分点。同时，手机网民规模也实现了较快增长，截至2020年末，手机网民规模达9.86亿人，网民中使用手机上网人群的占比达99.7%，比2020年3月提高了0.4个百分点（见图1-6）。截至2020年末，全国贫困村通光纤比例从"十三五"初期的不足70%到上升到98%，网络基础设施的覆盖面不断扩大，农村和贫困地区网络服务的可得性逐渐提升。

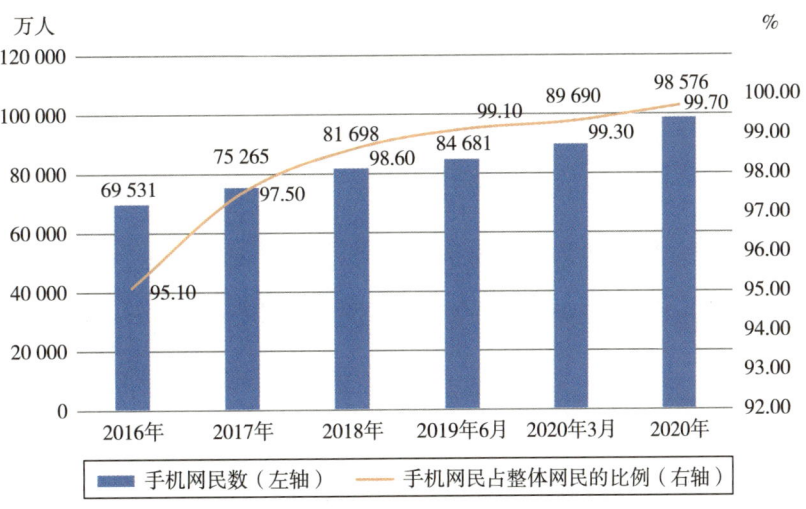

图1-6　2016—2020年中国手机网民规模

（数据来源：中国互联网络信息中心，中国互联网金融协会整理）

与此同时，网络应用进一步完善，移动流量增速持续保持高位，网上和手机支付用户规模和使用率不断提高。截至2020年末，我国使用网上支付的用户规模达8.54亿人，较2020年3月增加8 636万人，占网民整体的86.4%；手机网络支付用户规模达8.53亿，较2020年3月增加8 744万人，占手机网民的86.5%（见图1-7）。

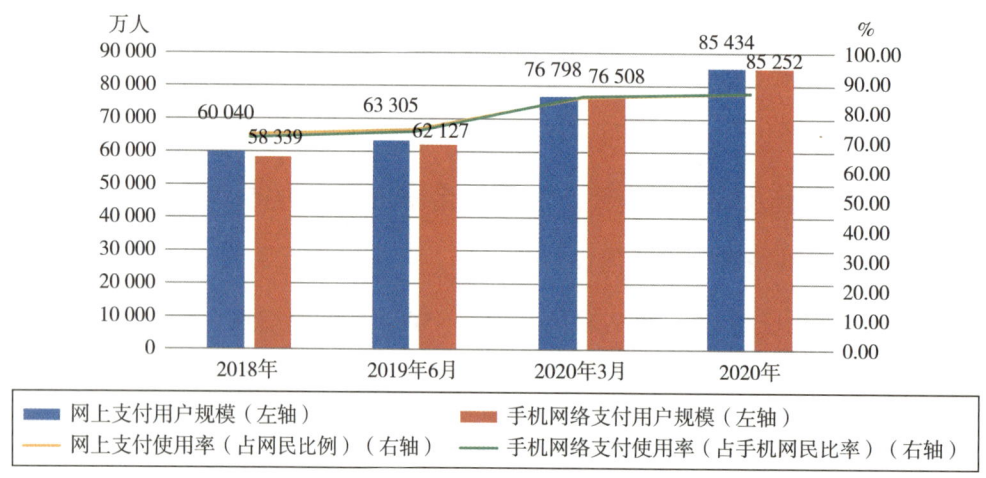

图1-7 中国网上支付和手机网络支付用户规模和使用率

（数据来源：中国互联网络信息中心，中国互联网金融协会整理）

（三）新一代信息技术在金融领域应用不断深化，应用场景持续拓展

2020年，新一代信息技术与金融的融合应用不断深入，根据中国互联网金融协会对我国A股94家银证保类主要上市金融机构2020年年报分析，分别有71.28%、69.15%、42.55%的机构应用了大数据、人工智能、云计算技术，35.11%的机构应用了区块链技术，5G、机器人流程自动化（RPA）、物联网、应用程序编程接口（API）、光学字符识别（OCR）、增强现实（AR）/虚拟现实（VR）、隐私计算等技术也有所探索应用。其中，大数据技术在营销获客、运营管理、风险控制等方面的应用持续深化，进一步提高了业务拓展精准性，优化了用户体验。人工智能技术在智能客服、智能营销、智能投顾、智能理赔等方面的深度应用，进一步提升了金融服务流程自动化、智能化和数字化水平。云计算架构以其降低IT成本、高可靠性和高可扩展性、自动化程度高等特点，日益成为部分金融领域IT基础设施的主流选择。区块链技术在贸易金融、供应链金融、支付及清结算等场景的应用不断丰富落地，其在防篡改、可追溯、多方协同等方面的优势进一步彰显。联邦学习、多方安全计算等隐私技术在合格投资者认定、风险建模等领域

已有初步探索应用，能够实现金融数据安全共享与融合应用，积极促进金融数据安全流通和价值释放。

三、互联网金融风险专项整治取得积极成效，存量风险大幅化解，监管政策与规则持续优化完善

2020年是互联网金融风险专项整治的收官之年。中国人民银行2020年工作会议指出，要坚决打赢防范化解重大金融风险攻坚战，持续开展互联网金融风险专项整治，基本化解互联网金融存量风险，建立健全监管长效机制。2016年4月以来，在国务院的统一部署和各有关部门的积极参与下，按照"打击非法、保护合法，积极稳妥、有序化解，明确分工、强化协作，远近结合、边整边改"的工作原则，各部门各地区扎实有序开展专项整治工作。截至2020年末，互联网金融风险专项整治取得良好成效，实际运营的P2P网络借贷机构全部清零，P2P网络借贷存量风险大幅压降，互联网金融监管政策与规则持续完善。

（一）风险专项整治工作成效显著

2020年4月，互联网金融风险专项整治工作领导小组、网络借贷风险专项整治工作领导小组联合召开专题电视电话会议，认为现阶段的形势仍然十分复杂，尚有一些问题未根本解决，新冠肺炎疫情又给整治工作带来新的挑战，后续工作时间紧、任务重、难度大，争取2020年基本完成互联网金融和网络借贷风险专项整治的主要目标任务。要将存量风险处置作为后续较长一段时间的核心工作来抓，在坚持市场化和法治化原则的前提下，因地制宜、多措并举，最大限度保护投资人合法权益。要进一步加大存量压降力度，切实压降业务规模，加快推进落实机构转型试点工作。要加大对借款人恶意逃废债行为的惩戒力度，加快推进网贷信用信息纳入征信系统进程，完善失信借款人联合惩戒机制。同时，加强互联网资产管理、虚拟货币投机炒作、非法外汇交易等其他领域新增风险的监测，建立快速研判、定性和处置打击机制，始终保持高压态势，防止死灰复燃。截至2020年末，互联网金融风险专项整治取得积极成效，股权众筹、互联网保险、虚拟货币交易、非银行支付、互联网外汇交易等领域整治取得良好成效，实际运营的P2P网络借贷机构全部清零，网络借贷存量风险大幅压降。

（二）监管政策与规则逐步优化完善

2020年，人民银行、银保监会等金融监管部门在互联网保险、互联网贷款、网络小额贷款等领域陆续发布多项监管政策文件，引导互联网金融业务规范健康发展（见表1-1）。特别是2020年12月，银保监会正式发布《互联网保险业务监管办法》[中国银行保险监督管理委员会令（2020年第13号）]，要求机构持牌、人员持证，从产品、销售、服务、运营等方面进一步厘清业务和监管的边界，对于规范互联网保险业务发展、有效防范金融风险、保护消费者合法权益、提升保险业服务实体经济和社会民生的水平具有重要意义。

表1-1　2020年互联网金融监管主要政策文件

时间	印发部门	文件名称
2020年5月	中国银保监会	《关于推进财产保险业务线上化发展的指导意见》
2020年6月	中国银保监会	《关于规范互联网保险销售行为可回溯管理的通知》（银保监发〔2020〕26号）
2020年7月	中国银保监会	《商业银行互联网贷款管理暂行办法》[中国银行保险监督管理委员会令（2020年第9号）]
2020年11月	中国银保监会、中国人民银行	《网络小额贷款业务管理暂行办法（征求意见稿）》
2020年12月	中国银保监会	《互联网保险业务监管办法》[中国银行保险监督管理委员会令（2020年第13号）]

资料来源：中国互联网金融协会整理。

（三）金融科技创新监管试点工作有序推进

中国人民银行构建金融科技监管基本规则体系，探索运用信息公开、产品公示、社会监督等柔性管理方式，努力打造包容审慎的金融科技创新监管工具，为金融科技创新应用划定刚性底线、设置柔性边界、预留充足发展空间。自2019年12月在北京率先启动金融科技创新监管工具试点以来，金融科技创新监管工具试点扎实有序推进，项目所覆盖的地域、机构、业务、技术范围等逐渐扩大。据中国互联网金融协会统计，截至2020年末，全国已有9个城市和地区[①]的70个项目纳入金融科技创新监管工具试点范围，涉及

---

① 北京、上海、重庆、深圳、雄安新区、杭州、苏州、成都、广州。

银行、第三方支付、征信、科技公司等近百家申报机构，超过60%的项目涉及普惠金融业务，70.00%的项目应用了人工智能，68.57%的项目应用了大数据，32.86%的项目应用了区块链，云计算、物联网、多方安全计算、API、5G等技术也有所应用（见图1-8）。

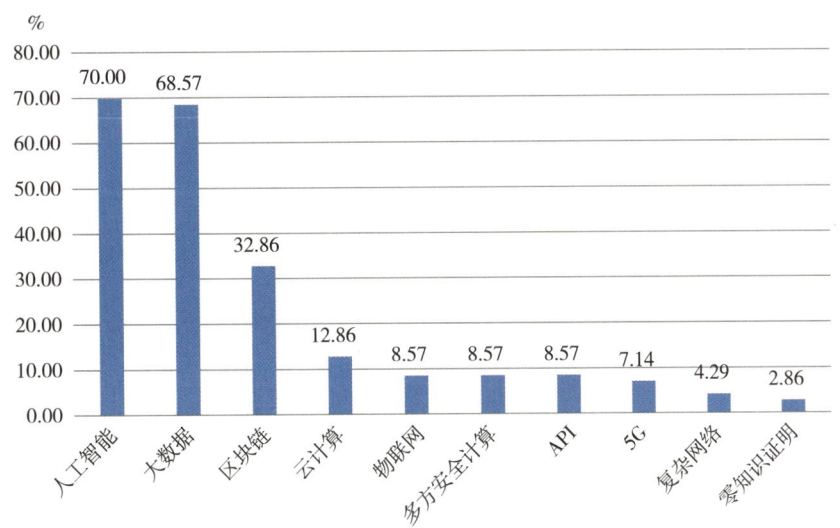

图1-8 金融科技创新监管工具技术应用情况

（数据来源：中国互联网金融协会整理）

四、行业自律作用持续有效发挥

（一）持续配合互联网金融风险专项整治工作

2020年，按照互联网金融风险专项整治工作部署，中国互联网金融协会紧密结合行业形势，积极配合金融管理部门开展各项工作。根据国家统计局《部门综合统计报表制度》要求，按季度上报互联网金融统计数据。自主设计研发虚拟货币、非法互联网外汇和网络小贷风险监测系统，优化金融广告监测管理信息系统，全年编制各类统计报表和风险监测报告共40余期。依托全国互联网金融登记披露服务平台，通过登记披露、双周报、问卷调查、风险提示、约谈惩戒等手段，持续督促网贷会员机构严格落实"三降"要求，推动良性退出、平稳转型并稳妥化解相关风险。发挥互联网金融举报信息平台作用，及时审核举报信息并推送相关监管部门处置，定期研判相关风险。加强互联网贷款综合年化成本披露和明示自律管理，根据中国人民银行相关司局部署，开展互联网贷款产品、互联网存款业务调研，为有关政策出台提供数据支撑。

（二）有序推进互联网金融行业自律管理

2020年，中国互联网金融协会认真履行中国人民银行授予的反洗钱职责，研制发布《网络小额贷款从业机构反洗钱和反恐怖融资工作指引》，填补网络小贷领域反洗钱专项指引空白，上线反洗钱网络监测平台一期二阶段功能，配合中国人民银行36家分支机构完成平台注册和接入工作，630家互联网金融从业机构已注册申请接入，363家机构经审核完成反洗钱履职登记。移动金融App备案自律管理工作深入推进，建立移动金融可信公共服务平台，编制《移动金融客户端应用软件（App）备案情况表》，截至2020年末，3 932家机构的2 032款App在移动金融客户端应用软件备案管理系统注册登记，371款App通过备案。按照中国人民银行要求，有序筹备金融云标准符合性自律备案工作。积极配合参与金融科技创新监管试点，成立专项工作组，建立常态化审核、辅导、培训工作机制，经协会辅导，20个兼具创新属性和普惠导向的应用项目成功进入金融科技创新监管试点。

（三）扎实开展行业标准化建设和理论实务研究

2020年，中国互联网金融协会以高标准助力金融服务高质量发展，在中国人民银行和国家市场监督管理总局的指导下，有序开展网上银行服务、移动金融客户端应用、金融分布式账本技术应用3个领域企业标准"领跑者"评估，根据相关领域企业标准评估方案分别对921家银行业金融机构的网上银行服务、206家银行业金融机构的移动金融客户端应用、63家金融机构和金融科技公司的金融分布式账本技术应用的企业标准进行评估，最终产生网上银行服务领域企业标准"领跑者"32家、移动金融客户端应用（银行业）企业标准"领跑者"13家、金融分布式账本技术应用企业标准"领跑者"9家。加快互联网金融标准立项研制，金融行业开源软件和服务商评测、供应链金融监管仓业务、移动金融客户端应用软件安全检测等领域的团体标准通过审查，互联网保险合同要素、分布式平台技术架构、商业银行互联网开放平台架构等领域的团体标准通过立项，数字函证业务规范等相关行业标准立项后开展研制，互联网金融个人网络消费信贷信息披露、互联网金融身份识别技术等领域的国家标准研制顺利推进。持续推进互联网金融和金融科技特色研究，围绕网络小贷业务发展、监管科技应用、监管沙盒国际比较、疫情下小微市场主体融资、互联网保险治理、人工智能金融应用原则、网络互助健康发展、中小银行数字化转型、催收外包个人信息保护等行业重点热点，编发29期专报报送金融监管部门，为政策制定提供了有益的研究参考。组织行业力量研究发布《中国区块链金融应用与发展研究报告》《金融业数据要素融合应用研究》《保险行业数字化转型研究报告》《数字金融消费者权益保护实践与探索》《数据资产、数字账户与要素交易流转机制研究》，为政策制定和行业发展持续提供研究参考资料。

（四）深入宣贯互联网金融消费者保护和行业政策

2020年，中国互联网金融协会适应新冠肺炎疫情防控需要优化培训方式，结合政策新规、知识宣讲、业务培训、系统推广，开展个人金融信息保护技术规范、民间借贷案件最新司法政策、洗钱新风险与反洗钱新应对、区块链金融安全合规应用、金融领域纠纷解决、移动金融客户端应用软件风险防范、函证数字化等线上线下培训12场，会员机构参加人数11 000余人次；针对境外虚拟货币交易、第三方SDK风险隐患、虚拟货币传销诈骗等情况，通过协会官网、微信公众号、主流媒体及时向社会进行风险提示；上线运行"金融广告随手拍"小程序，方便社会公众上传疑似违法违规金融营销宣传活动信息，注册用户近14万人，收到线索2万余条；举办第四届中国互联网金融论坛，政策宣贯和行业影响力持续提升。

第二节 2020年互联网金融总体发展情况

2020年，互联网金融风险专项整治取得积极成效，我国互联网金融风险得到全面治理，长效监管机制建设取得积极进展，网络支付、网络小额贷款、互联网银行、互联网证券、互联网保险、互联网消费金融等新业态新模式健康规范发展。

一、网络支付

2020年，新冠肺炎疫情催生"非接触式"支付服务需求，我国网络支付迎来新发展机遇，支付机构共处理互联网支付业务959.34亿笔，较上年同期增长40.55%，业务金额为54.54万亿元，较上年同期增长5.15%，共处理移动支付业务7 842.11亿笔，较上年同期增长10.98%，业务金额为301.12万亿元，较上年同期增长18.3%；我国商业银行共处理互联网支付业务879.31亿笔，较上年同期增长12.46%，业务金额为2 174.54万亿元，较上年同期增长1.86%，共处理移动支付业务1 232.2亿笔，较上年同期增长21.48%，业务金额为432.16万亿元，较上年同期增长24.5%。网络支付平台效应逐渐显现，市场业务集中度连年上升。2020年，支付机构交易规模在10 000亿元以上的机构有10家，业务量占交易总额的96.73%，商业银行网络支付交易规模在100万亿元以上的机构有7家，业务量占交易总额的84.8%。网络支付业务覆盖面进一步提升，商业银行网上支付客户总数为21.74亿人，较上年增长17.13%，移动支付客户总数为35.04亿个，较上年增长30.5%。

二、网络小额贷款

2020年，全国小额贷款行业运营机构数量和贷款余额均持续平稳下降。截至2020年末，全国小贷公司共7 118家，比2019年末减少433家，降幅为5.73%，贷款余额为8 887.54亿元，较2019年末减少221.24亿元，同比下降2.43%。协会调研数据显示，调研小额贷款机构网络小额贷款规模与贷款人数总体呈上升趋势，贷款余额129.45亿元，较2019年上升30.88%，合计贷款人数395.28万人，同比增长23.44%；自然人用户数量与贷款余额均占比较高，截至2020年末，自然人贷款用户为317.12万，占比80.23%，贷款余额合计110.80亿元，占比85.59%；新增贷款小额与短期贷款占比较高，贷款金额在1万元（含）以下的新增贷款笔数占比为95.67%，九成以上新增贷款期限集中在1年以内；近九成机构新增贷款年化利率水平低于24%，但仍有12.56%的机构新增贷款年化利率在24%以上。

三、互联网保险

2020年，互联网保险保费规模增长明显，收入总额2 908.75亿元，同比上升7.88%，占保险业原保费收入的6.43%，占比较上年基本持平。其中，财产保险公司互联网保险全年保费收入797.95亿元，同比下降4.85%。互联网非车险业务占比继续超过车险业务，互联网财产保险进入发展新周期。人身保险公司互联网保险保费收入2 110.8亿元，同比上涨13.6%，规模保费保持平稳增长。保费来源渠道方面，财产保险公司和人身保险公司互联网保险业务均以第三方平台为主要渠道，且收入占比持续攀升。

四、互联网银行

2020年，互联网银行服务实体经济力度加大，积极支持新冠肺炎疫情防控、复工复产，营业利润有所波动，资产配置向信贷倾斜，负债结构相对稳定，不良贷款率有所上升，资产质量总体可控，科技能力建设不断增强。以微众银行、网商银行和新网银行为例，2020年实现营业收入分别为198.81亿元、86.18亿元、23.57亿元，同比分别增长33.69%、30.01%、-12.09%；净利润分别为49.57亿元、12.86亿元、7.06亿元，同比分别增长25.50%、2.36%、-0.06%。截至2020年末，微众银行、网商银行、新网银行资产规模分别达3 464.30亿元、3 112.56亿元、405.61亿元，负债总额分别达3 254.02亿元、2 972.67亿元、355.50亿元；不良贷款率分别为1.20%、1.52%、1.19%；科技人员在全行员工中的占比分别达56%、56%、47%。

五、互联网消费金融

2020年，我国消费贷款余额稳步增长，短期消费贷款规模下降，中长期消费贷款增长稳定。截至2020年末，我国境内住户消费贷款余额为49.57万亿元，较2019年提升约12.74%，2020年我国境内住户短期消费贷款余额为8.78万亿元，较2019年下降11.54%，长期消费贷款余额为40.79万亿元，同比增长19.81%。协会调研数据显示，调研消费金融公司绝大多数业务来源于线上，且线上化程度在逐步提升，线上贷款占比由2019年的98.88%上升至2020年的99.3%；新增注册用户数呈现快速上升趋势，同比增长51.2%；累计用户呈现年轻化特征，近九成用户年龄在40岁（含）以下；贷款具有小额短期的特征，还款方式多为等额本息，3 000元以下的贷款笔数占比达78.90%，九成以上新发放贷款采取等额本息方式。

六、互联网证券

2020年，证券行业实现营业收入4 484.79亿元，同比增长24.41%；实现净利润1 575.34亿元，同比增长27.98%；证券行业对信息科技重视程度不断增强，行业信息技术投入逐年增长，全行业信息技术投入金额总计达262.87亿元，同比增长21.31%，占2019年度营业收入的7.47%，绝大多数证券公司信息技术投入较上年有所增加，信息投入金额占比在上年营业收入的5%以上的机构有22家；投资者数量近年来持续增加，投资者进场和交易投资的意愿明显增强，全年新增投资者1 802.26万，2020年期末投资者数量为1.78亿，较上年增长11.28%；协会调研数据显示，调研证券公司移动端开户数占比维持高位，移动端交易及理财产品销售业务占比均稳步增长，移动端证券业务已然成为主要业务渠道。

第三节 互联网金融发展的主要问题与挑战

一、市场公平竞争环境有待改善

互联网金融平台在多年的快速发展中积累了大量的客户及数据资源，特别是大型的互联网金融平台优势则更为明显，其业务涉及各类金融和科技领域，还存在跨界混业经营，资本的聚积也进一步推高和加固了其市场地位。部分平台滥用市场地位或技术优势，通过差别对待、排斥竞争对手、捆绑销售、交叉补贴等阻碍公平竞争并获取超额收益，损害了市场竞争秩序和整体社会福利，也不利于金融创新与安全发展，因此加强互联网金融平台金融活动反垄断监管、促进市场公平竞争尤为迫切。

二、部分互联网金融平台存在违规展业情况

一些互联网金融平台利用自身数据、技术等方面的优势，在开展业务的同时嵌套了信贷、理财等金融业务，或是利用自身流量为其他金融业务导流，直接或变相突破地域展业范围限制开展银行存贷款、网络小额贷款等业务，存在无牌照经营或超许可范围从事金融业务等违规现象，其开展的业务没有受到同等性质的监管，加重了风险的复杂性和外溢性，也对投资者的信心产生了负面影响。

三、数据安全与隐私保护亟须增强

部分机构在未经用户同意的前提下存在超范围采集用户数据、数据过度使用和倒卖等问题，把"最小够用"变相执行为"最大利用"，数据安全与隐私保护有待进一步加强。一些从业机构在开展金融活动的过程中利用算法分析消费者偏好，通过靠前排序、定向推送等方式进行精准营销，一定程度上侵害了消费者的知情权、公平交易权和自主选择权。由于数据资源增长迅速、更多敏感信息暴露在开放网络环境、部分消费者和从业机构数据保护意识不足、不法分子数据窃取手段不断翻新等综合因素影响，在数据应用特别是融合应用过程中，数据安全事件时有发生，侵犯金融消费者隐私，给从业机构声誉以及社会各界对数据安全合规应用信心等都带来较大负面影响，甚至危及人民群众生命财产安全。

四、金融网络安全问题须高度重视

随着金融数字化、网络化的深入发展，不同金融业务和市场主体之间的关联性更强，一些局部的金融安全问题也可能因为网络安全问题"牵一发而动全身"，特别是在全球新冠肺炎疫情的冲击下，网络服务渠道、远程办公模式普及推广加速，网络风险更是成为了一个全球共性挑战。世界银行和剑桥大学共同发布的《2020年疫情下全球金融科技监管快速评估报告》显示，在全球114个国家和地区的金融监管机构中，78%的受访机构认为网络安全风险正在上升。

第四节　互联网金融的发展趋势与展望

一、长效监管机制建设日益完善

随着中国人民银行牵头抓总、相关金融监管机构各司其职、各相关部门积极支持，各地在中央指导督促下落实属地监管和风险处置责任的互联网金融监管协作机制的高效运转，我国互联网金融风险形势发生根本好转，股权众筹、互联网保险、虚拟货币交易、非银行支付、互联网外汇交易等领域的整治取得积极成效，实际运营的P2P网络借贷机构全部清零。未来，互联网金融监管协作机制将进一步完善，监管将转向常态化运行，网络平台企业金融活动、互联网金融反洗钱、互联网存贷款、互联网保险等业务规则将有效实施并持续完善，金融科技创新监管工具应用日益成熟，监管规则逐步健全，金融业数据安全和个人信息保护制度进一步夯实，监管科技和数字化监管体系加快构建，为互联网金融规范发展进一步明确安全底线。

二、行业规范发展态势稳中向好

随着互联网金融从风险专项整治收官和行业转向常态化监管，网络支付、网络小额贷款、互联网保险、互联网理财等领域的行业准入、信息披露等方面监管政策逐步建立健全，新业态新模式得以规范、健康、有序发展，违法违规行为持续受到高压严打，行业守正创新、合规意识日益牢固，主流金融机构、新兴业态主体、专业服务机构等各类市场主体良性竞合、共生共荣的互联网金融生态圈和产业链将持续健全，在贯彻新发展理念、助力构建双循环发展格局等方面发挥越来越重要的作用。

三、金融数字化转型深入推进

主流金融机构、新兴业态主体等各类从业机构紧跟经济社会数字化转型趋势，特别是受此次新冠肺炎疫情的冲击和影响，面对经营压力和客户线上化多元化金融服务需求，大中型金融机构将持续深入推进数字化转型，中小金融机构更加注重互联网思维和数字化理念，结合自身资源禀赋和市场定位，积极优化管理模式和组织架构，通过合作共建基础设施、联合采购外包服务、"结对子"帮扶和赋能等多种方式推进数字化转型，不断提升数字化时代的核心竞争力。

四、金融科技应用与监管全面深化

随着我国金融科技发展规划的稳步落地，金融科技统筹推进、守正创新的理念将不断增强，人工智能、大数据、云计算、区块链等金融科技创新应用逐渐深入，5G、物联网、隐私计算等新兴技术在金融领域应用进一步探索。监管科技应用框架及数字化监管能力有望加速构建，金融科技创新监管试点的地域、机构和业务覆盖范围不断扩大，创新成果将更加多元，人工智能、区块链、应用程序接口、个人金融信息等领域的金融科技标准供给力度将进一步加大，金融科技监管基本规则体系和金融科技产品认证体系持续完善，移动金融App和金融云备案管理有序推进。

五、国际交流与合作持续开展

随着全球经济金融数字化转型成为大势所趋，互联网金融依然是世界各国关注的焦点领域，互联网金融领域的资本、技术、人才等的交流合作将更加密切，针对数字银行、网络支付、数字信贷、保险科技、数字理财等领域的国际监管标准规则将加快完善，探索监管沙盒、创新加速器、创新中心等创新监管工具以更好平衡金融科技创新与风险逐步成为全球共识，更加适应于数字化时代的监管规则体系将进一步优化完善，推动反洗钱反恐怖融资、打击跨境监管套利、加强跨境数据治理等工作迫切需要加强跨境监管协同，给中国深度参与国际互联网金融治理带来更多机遇。

第二章
网络支付

- 2020年网络支付发展情况
- 网络支付的发展环境
- 网络支付的主要问题与挑战
- 网络支付的发展趋势与展望

第一节 2020年网络支付发展情况

一、受新冠肺炎疫情影响,网络支付业务规模大幅增长

受新冠肺炎疫情影响,社会公众更加倾向于"非接触式"的支付方式,我国网络支付迎来新发展机遇。2020年,我国支付机构共处理互联网支付业务959.34亿笔,较上年同期增长40.55%,业务金额为54.54万亿元,较上年同期增长5.15%;支付机构共处理移动支付业务7 842.11亿笔,较上年同期增长10.98%,业务金额为301.12万亿元,较上年同期增长18.3%,其中,共处理移动电话远程支付业务7 840.74亿笔,业务金额为300.99万亿元,共处理移动电话近场支付业务1.37亿笔,业务金额为1 346.38亿元(见图2-1)。

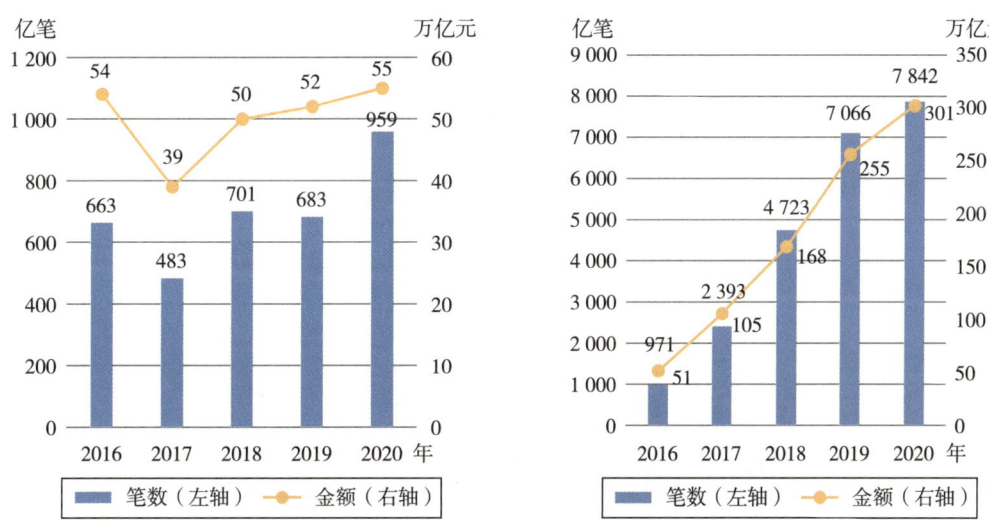

图2-1 支付机构互联网支付(左图)与移动支付(右图)交易规模

(数据来源:中国支付产业年报(2021),中国互联网金融协会整理)

2020年,我国商业银行共处理互联网支付业务879.31亿笔,较上年同期增长12.46%,业务金额为2 174.54万亿元,较上年同期增长1.86%;商业银行共处理移动支付业务1 232.2亿笔,较上年同期增长21.48%,业务金额为432.16万亿元,较上年同期增长24.5%(见图2-2)。

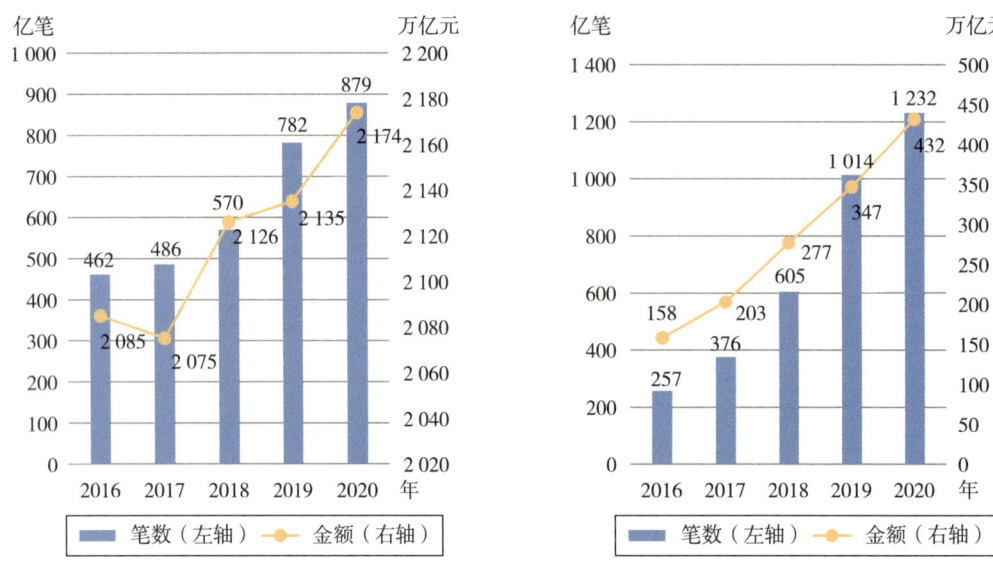

图2-2 商业银行互联网支付（左图）与移动支付（右图）交易规模

（数据来源：中国支付产业年报（2021），中国互联网金融协会整理）

二、网络支付平台效应逐渐显现，市场业务集中度连年上升

2020年，支付机构交易规模在1万亿元以上的机构有10家，业务量占交易总额的96.73%；交易规模在1 000亿元至1万亿元之间的机构有28家，业务量占交易总额的2.75%；交易规模在100亿元至1 000亿元之间的机构有39家，业务量占交易总额的0.51%；交易规模在100亿元以下的机构有32家，业务量占交易总额的0.01%（见图2-3）。

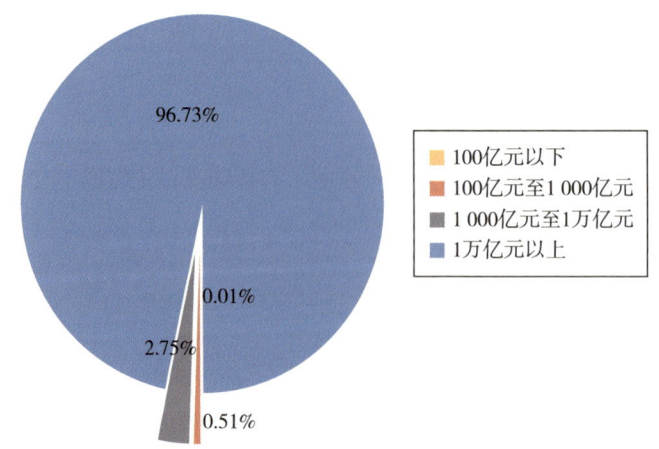

图2-3 2020年支付机构网络支付业务量区间分布情况

（数据来源：中国支付产业年报（2021），中国互联网金融协会整理）

第二章 网络支付

2020年，商业银行网络支付交易规模在100万亿元以上的机构有7家，业务量占交易总额的84.80%；交易规模在10万亿元至100万亿元之间的机构有10家，业务量占交易总额的11.07%；交易规模在1万亿元至10万亿元之间的机构有42家，业务量占交易总额的3.37%；交易规模在1万亿元以下的机构有71家，业务量占交易总额的0.76%（见图2-4）。

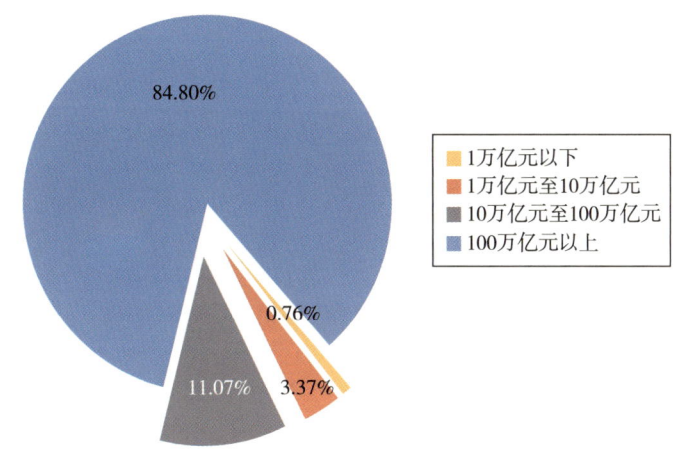

图2-4　2020年商业银行网络支付业务量区间分布情况

（数据来源：中国支付产业年报（2021），中国互联网金融协会整理）

三、网络支付业务覆盖面进一步提升

2020年，受新冠肺炎疫情影响，"非接触式"的支付方式逐步受到大众的认可，我国网络支付的业务覆盖面进一步提升，我国商业银行网上支付客户总数为21.74亿人，较上年增长17.13%，移动支付客户总数为35.04亿个，较上年增长30.5%。支付账户总数为51.62亿个，较上年增长12.19%，其中，单位支付账户2 530.6万个，个人支付账户51.38亿个。

第二节　网络支付的发展环境

一、支付行业加快数字化转型发展步伐

2020年，我国支付行业正处于向纵深化发展转折期，数字经济发展对支付行业数字

化转型提出了新要求，支付机构顺应发展新潮流，以推动高质量发展为目标，加快数字化转型步伐。目前，我国支付行业数字化发展还处于初级阶段，发展战略和落地执行有待加强，数据治理能力有待提升，新技术与机构自身系统的兼容程度、产品业务的融合程度还有待挖掘。同时，在数字化转型过程中，支付业务与新兴技术的融合在创新支付产品、再造业务流程、提升服务质效的同时，也增加了支付机构风险防控难度。支付产业数字化转型是一项长期的系统性工程，需要支付产业多方协同推进。监管部门及时出台数字化转型相关标准规范与发展指引，划定支付产业数字化发展守正创新边界，为产业发展保驾护航。支付产业市场主体应深刻把握经济社会数字化转型趋势，自上而下培育数字化理念，结合自身资源禀赋和市场定位，制定实施数字化转型发展战略，构建适应数字化发展的管理模式和组织架构，加强线上线下渠道一体化建设，打造数字化时代核心竞争力。行业协会可充分发挥前置性作用，联合政产学研用多方力量，推动数字化转型成果及时转化和共享，同时以支付产业安全风险防范、金融消费者保护为切入点，加强支付产业数字化创新业务自律管理。

二、支付行业逐步迈向产业金融领域

近年来，网络支付的平台效应逐步显现，各类支付应用日益丰富，我国网络支付渗透率逐步提升，行业格局已相对成熟。然而，支付产品服务同质化严重，市场竞争十分激烈，在C端用户市场已经被充分耕耘的情况下，为避免同质化竞争，支付机构可探索利用创新产品打开新的市场，寻求差异化发展道路，沿着B端产业链延伸，为细分行业的B端商户提供定制化解决方案。支付与产业金融的深度融合蕴含着更大潜力，市场主体普遍加快对公支付市场布局，以支付服务为工具，向后撬动B端高附加值服务领域。如在汽车行业提供基于订单支付、实时结算、智能分账等的综合解决方案；在院校领域提供多渠道、多方式的聚合支付方式；在酒店行业提供智能POS机；在民宿、分散式公寓提供集民宿/公寓管理系统、身份核查、聚合支付、金融分期等于一体的综合功能。支付机构深耕细分行业领域，探索精细化和多样化空间，为产业提供多元化的金融服务，重新书写了支付服务内涵，激发了支付产业的潜在活力。

三、网络支付资质仍受青睐

随着数字经济、平台经济蓬勃兴起，网络支付业务价值被进一步挖掘，具有一定市场影响力的大型科技公司仍需要支付牌照特别是网络支付业务牌照打造自身互联网生态闭环，提升客户服务效率。2020年，字节跳动、拼多多、携程、快手等大型互联网企业相继通过并购、入股等方式取得支付牌照，入局网络支付市场，并主要服务于自身业务生态圈，随着网络支付行业逐步进入新的发展阶段，网络支付资质仍然受到投资者青睐。

第三节　网络支付的主要问题与挑战

一、网络支付接口违法违规使用问题

当前，部分市场主体仍存在违规出售、转卖、出租、出借网络支付接口等问题，商户审核及交易跟踪监测工作力度需进一步加强。为防范支付业务系统接口被用于违法违规用途，可从以下几个方面提升风险防控能力：一是通过完善业务管理体系规范引导商户行为，重点规范特约商户资质管理、支付交易监控、商户风险评价等环节；二是从事前、事中、事后进行全流程管控，事前做好商户入网的严格管理，事中建立并完善交易风险控制模型，事后加强巡检与评价工作、加大对违规商户的惩戒力度；三是加强对商户行为模式的研究，建立并完善风险监控模型，对于异常交易应及时采取网上巡检、调阅数据、现场回访等措施分析其风险情况，核实是否为商户协议范围内的正常交易；四是加强商户巡检，综合使用商户网站内容检查、模拟测试交易、检查出入金情况等方式，排查商户是否存在支付接口挪用等情况。

二、电商平台类商户准入及业务管理需进一步加强

在部分电商平台业务模式中，交易资金最终由电商平台结算到实际发生交易的电

子商务经营者，电商平台实质上提供了支付结算服务，并可能因结算周期的存在形成沉淀资金。部分电子商务平台暂未获得支付牌照，也没有备付金银行对其交易资金进行监督，存在商户资金二次清算的风险。一旦电商平台将资金挪作他用或卷款跑路，将会给收单机构和电子商务经营者带来较大的资金损失。此外，由于商业利益和竞争关系等原因，收单机构获取部分电商平台的电子商务卖家信息存在困难，导致电商平台在收单机构和电子商务经营者之间形成信息阻隔，存在控制、隐匿甚至篡改电子商务经营者信息的风险，为欺诈、洗钱、盗刷等不法行为提供可乘之机。因此，市场主体应严格按照相关监管要求，加强对平台类商户的准入及业务管理，不得为不具备资质的平台类商户提供服务；强化商户资金清算管理，加强对网络支付接口的使用管理和日常交易监测。

三、利用支付渠道欺诈、套现、洗钱等违法违规活动依然存在

近年来，存在不法分子利用运营网站或App等，通过支付机构或其企业合作方（银行）支付渠道进行欺诈、违规套现、洗钱的情况。支付服务提供方在与其他主体合作开展业务的过程中，要明确各方权责义务、建立起高效风险联防处理机制，对于监控识别到的高危商户、异常交易等信息，应通过系统对接方式直接提交给合作机构，提升整体风险识别处理能力和效率。同时，进一步加强特约商户的协查工作，加强行业合作、持续提升商户管理和业务风险防控能力。

四、支付机构"走出去"面临多重风险挑战

支付机构在复杂陌生的地域、人文、政策和市场环境下开展境外业务，将面临多重风险与挑战。一是政策和合规风险，需要与当地监管部门沟通，熟悉掌握当地监管政策，在法律法规允许范围内开展业务成为首要任务，特别是在反洗钱、支付安全等方面需符合当地监管要求；二是因地制宜，引入契合当地市场形态和需求的支付产品，与国际卡组织、商业银行或持牌支付机构形成合作关系，熟悉当地市场，甄选推出适配产品，促进项目落地；三是有效监测控制跨国业务风险。跨境或异国支付业务风险表现形式更为复杂多样，若牵涉跨国法规或业务规则会进一步加剧其复杂程度，支付机构需加大在专业团队配备、技术手段运用等方面的投入。

五、跨境电子商务贸易背景真实性审核存在困难

随着人民生活水平的不断提高以及互联网行业的不断发展，网购已渐渐成为人们生活的一部分，越来越多的消费者开始通过境外电子商务网站选购海外商品，日益旺盛的"海淘"需求推动了跨境电子商务及跨境电子支付的发展。和传统的进出口贸易相比，跨境电子商务由于交易双方非面对面交易，无法充分保障交易真实性，部分支付机构利用跨境电子商务交易将企业的资金转移出境，企图逃避政府监管；部分支付机构出于拓展市场的目的，存在对交易数据审核不严，甚至自行编制、篡改交易数据的现象。

第四节　网络支付的发展趋势与展望

一、移动支付场景拓展，条码支付进一步下沉

随着移动支付和新零售业务的发展，各支付机构大力推广线下移动支付，我国支付行业进入条码支付时代。条码支付的线下场景十分丰富，其中，支付宝和微信支付等支付机构占据了主要的C端消费者用户，其他支付机构在餐饮、休闲娱乐、商超、医疗等B端领域进行支付基础设施的投入和布局。随着移动支付的普及，支付场景也在持续拓展，扫码支付的应用领域进一步下沉。银行、支付机构等市场主体结合移动互联网技术，通过创新移动支付产品，优化业务流程等满足客户对取现、转账汇款、投资理财、资金管理等的实际需求。在购物消费领域，收单机构对支付渠道进行系统整合，满足特约商户和小微商户的多样化收款需求。

二、支付机构与商业银行合作成为趋势

近年来，金融科技发展的全球实践表明，金融科技与传统金融并不是取代和颠覆的关系，商业银行和支付机构都是金融科技领域的重要市场主体，在构建金融科技生态圈和产业链方面既有竞争，也有很大的合作空间。传统商业银行业务在客户体验、服务渠

道、经营管理模式、思维理念等方面都与支付机构有所差别，比如商业银行实行以业务产品为导向、严格风控的思维模式、层层上报审批的产品研发管理模式、基于财务数据的传统风险管理模式；支付机构实行以客户为中心、注重客户体验等文化理念、迭代创新的产品研发模式、基于财务数据、行为数据、风险数据的大数据风控方式，相比商业银行而言，支付机构更能够实现与用户高频互动，连接商户与消费者，增加用户黏性。支付机构与商业银行的合作，能够使传统金融业务更加贴近商户和用户，并可根据商户、用户的特征，定制金融产品和服务。当前，商业银行与支付机构在技术研发、账户联通、风险管理等方面的合作逐渐深入，在机制和理念上的磨合，将会增强两者的优势互补和协同效应，可以更好地满足人民群众和实体经济多样化的金融需求。

三、支付机构加快国际化步伐

随着我国开放型经济逐步向纵深方向发展，金融领域双向开放不断深化，伴随着"一带一路"倡议带来的沿线政策沟通、设施联通、贸易畅通、资金融通、民心相通的稳步推进，支付机构出海也成为历史发展的必然和自身国际化的重要机遇。由于移动支付的高频、便捷、以服务零售业为主的特征，我国支付产能和支付服务能力具备向外输出的优势和能力。我国鼓励国内支付机构"走出去"的同时，也鼓励"引进来"经营稳定、信誉良好的海外支付机构、清算组织和商业银行，参与到我国支付市场中。未来的市场主体将整合全球支付+消费者+商户网络，为全球电商和消费者交易提供无缝高效的支付服务，并参与和制定国际化的标准，不断提升我国网络支付在国际社会中的核心竞争力。

第三章
网络小额贷款

- 2020年网络小额贷款发展情况
- 网络小额贷款的发展环境
- 网络小额贷款的主要问题与挑战
- 网络小额贷款的发展趋势与展望

第一节 2020年网络小额贷款发展情况

《关于促进互联网金融健康发展的指导意见》（银发〔2015〕221号）最早对网络小额贷款进行了定义，指"互联网企业通过其控制的小额贷款公司，利用互联网向客户提供的小额贷款"。2020年，《网络小额贷款业务管理暂行办法（征求意见稿）》将其定义为"小额贷款公司利用大数据、云计算、移动互联网等技术手段，运用互联网平台积累的客户经营、网络消费、网络交易等内生数据信息以及通过合法渠道获取的其他数据信息，分析评定借款客户信用风险，确定贷款方式和额度，并在线上完成贷款申请、风险审核、贷款审批、贷款发放和贷款回收等流程的小额贷款业务"。

一、小额贷款行业总体情况

2020年，全国小额贷款行业运营机构数量和贷款余额均持续平稳下降。截至2020年末，全国小贷公司共7 118家，比上年末减少433家，降幅为5.73%。贷款余额为8 887.54亿元，较上年末减少221.24亿元，同比下降2.43%（见图3-1）。

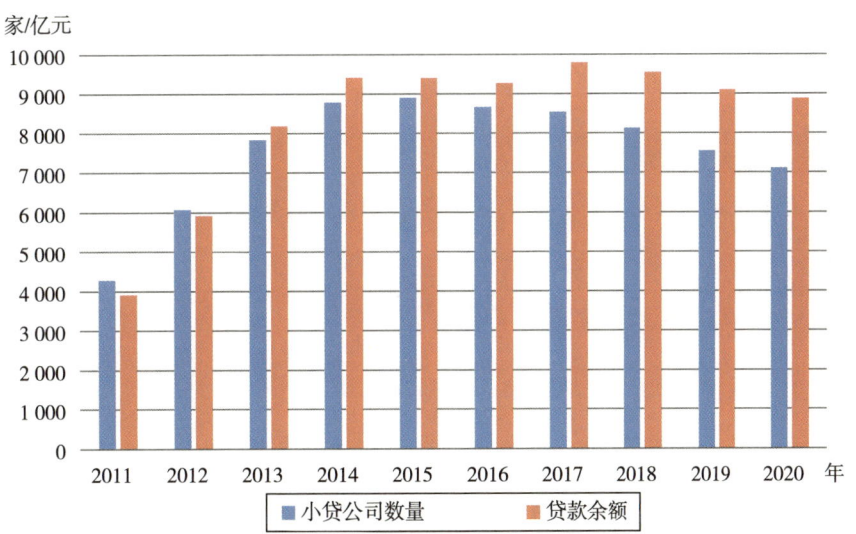

图3-1 2011—2020年小额贷款公司数量、贷款余额

（数据来源：中国人民银行，中国互联网金融协会整理）

专栏：网络小额贷款业务产生发展与概念界定

网络小额贷款是我国互联网和电子商务发展到一定时期，顺应市场需求产生的。一方面，传统小额贷款公司在2008年至2015年经历高速发展后，受制于自身管理水平、经济下行压力下小微企业坏账率增加等因素，导致发展呈下滑趋势，行业风险问题频发，发展日益艰难。另一方面，线上消费群体年轻化使个人消费金融需求与日俱增，互联网和电商企业基于平台生态，既可以掌握终端个人消费者的用户习惯和交易信息，又可以了解上游供应链小微企业的交易规模和物流情况，有利于降低信贷成本，进行有效的风险控制。在此背景下，金融科技与传统小额贷款行业加速融合，网络小额贷款应运而生。2010年，阿里巴巴旗下浙江阿里巴巴小额贷款股份有限公司在杭州成立，成为国内首家专门面向网商放贷的网络小额贷款公司。随后，重庆、广州、上海、江西、江苏、湖南等地纷纷允许具有网上消费场景或相应互联网技术的企业发起设立网络小额贷款公司。

网络小额贷款的产生和发展，丰富了我国多层次的普惠金融服务体系，使得金融服务更具创新、自由和便捷的特性。网络小额贷款由传统小额贷款发展而来，但从发展情况来看，两者存在一定区别：一是股东方面，传统小额贷款公司需有两个（及）以上股东，要求发起人实力雄厚；网络小额贷款公司允许单一股东控股，发起人通常有大型互联网企业、上市公司、金融控股集团或产业集团参股，对股东资质及注册资本金要求更严格。二是经营范围方面，传统小额贷款公司按照监管细则规定，只允许在本省（区、市）的县域范围等特定区域展业，个别经营良好的传统小额贷款公司可以获准在省级范围展业，但不得跨省经营；网络小额贷款公司作为互联网高新技术的产物，凭借其拥有的信息数据资源及政策优势，经批准可在全国范围内从事放贷业务，突破传统小额贷款的地域限制。三是服务对象方面，传统小额贷款业务主要服务于农民、农业和农村经济发展，向农户和微型企业提供信贷支持，服务范围聚焦于某一特定群体；网络小额贷款业务通过线上渠道可以为全国各地有资金需求的企业和个人提供信贷服务，服务范围更广，普惠金融属性更显著。四是技术方面，传统小额贷

第三章 网络小额贷款

款业务以线下经营为主,需对借款人进行人工信用调查、放贷审批、债务催收等,放贷流程时间较长且人工成本较高;网络小额贷款业务借助金融科技手段,可以实现大数据精准获客和批量化自动放贷,更方便快捷地满足资金需求,提升服务效能。

二、网络小额贷款样本机构情况

本书选取9家从事网络小额贷款业务的机构[①](以下简称9家样本机构)作为样本,分析2020年我国网络小额贷款现状及发展态势。

(一)贷款规模与贷款人数总体呈上升趋势

2020年,9家样本机构总计贷款余额129.45亿元,较2019年上升30.88%;合计贷款人数395.28万人,同比增长23.44%(见图3-2)。

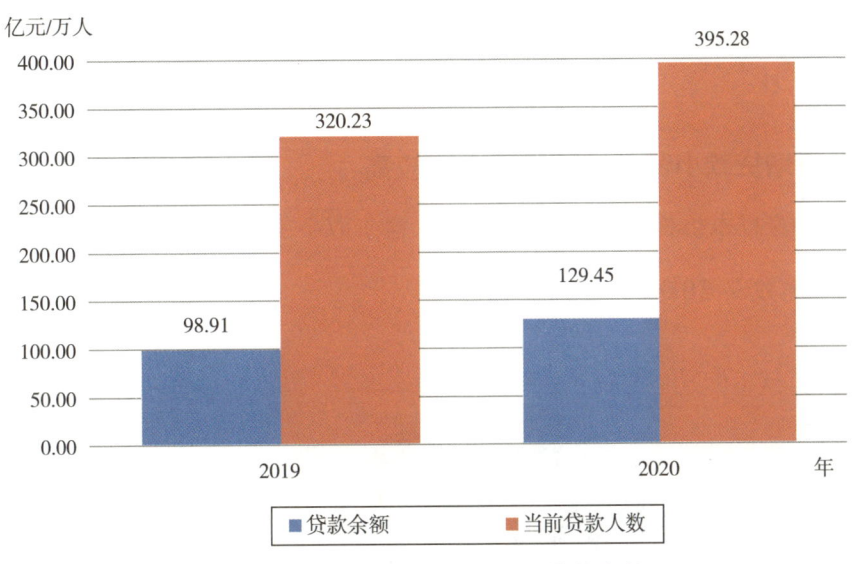

图3-2 样本机构贷款余额及贷款人数

(数据来源:中国互联网金融协会整理)

---

① 选取的9家网络小额贷款从业机构包括重庆趣携小额贷款有限公司、重庆市小米小额贷款有限公司、福州三六零网络小额贷款有限公司、广东盈峰普惠互联小额贷款股份有限公司、广州TCL互联网小额贷款有限公司、广州万达普惠网络小额贷款有限公司、国美小额贷款有限公司、南昌随行付网络小额贷款有限公司、深圳市顺丰合丰小额贷款有限公司,本次选取的9家样本机构均以网络小额贷款业务为主,线下小额贷款业务占比较小,具有一定行业代表性。

（二）自然人用户数量与贷款余额均占比较高

截至2020年末，9家样本机构自然人贷款用户为317.12万，占比80.23%，贷款余额合计110.80亿元，占比85.59%；企业贷款用户为78.16万，占比19.77%，贷款余额合计18.65亿元，占比14.41%（见图3-3）。

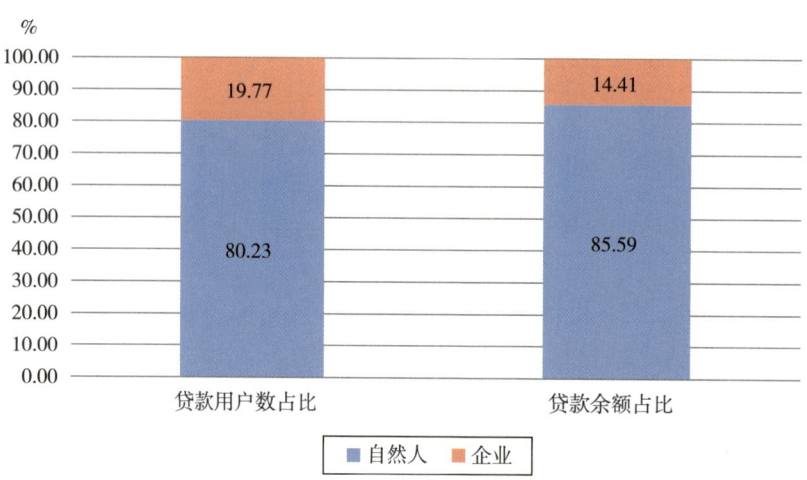

图3-3　样本机构贷款用户数与贷款余额按用户类型占比

（数据来源：中国互联网金融协会整理）

（三）新增贷款小额与短期贷款占比较高

2020年，9家样本机构贷款金额在1万元（含）以下的新增贷款笔数占比为95.67%，5万元以上贷款笔数仅占0.06%（见图3-4）。

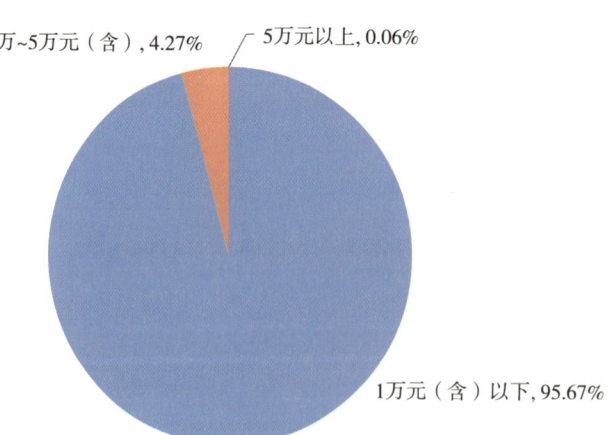

图3-4　样本机构新增贷款笔数按金额分布

（数据来源：中国互联网金融协会整理）

2020年，9家样本机构贷款期限在3个月（含）以下、3~6个月（含）、6个月至1年（含）的新增贷款笔数占比分别为24.25%、21.53%、48.90%，九成以上新增贷款期限集中在1年以内（见图3-5）。

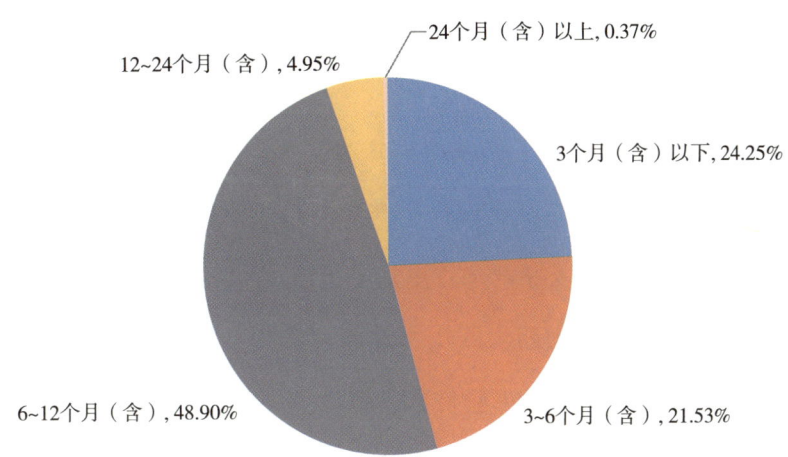

图3-5　样本机构新增贷款笔数按期限分布

（数据来源：中国互联网金融协会整理）

（四）年化利率水平总体低于24%，高息贷款仍有一定规模

2020年，9家样本机构新增贷款中年化利率在10%（含）以下笔数占比为10.54%，年化利率在10%~15%（含）笔数占比为12.29%，年化利率在15%~20%（含）最多，笔数占比为35.03%，年化利率在20%~24%（含）笔数占比为29.58%。部分新增贷款年化利率在24%以上，笔数占比为12.56%，高息贷款仍有一定规模（图3-6）。

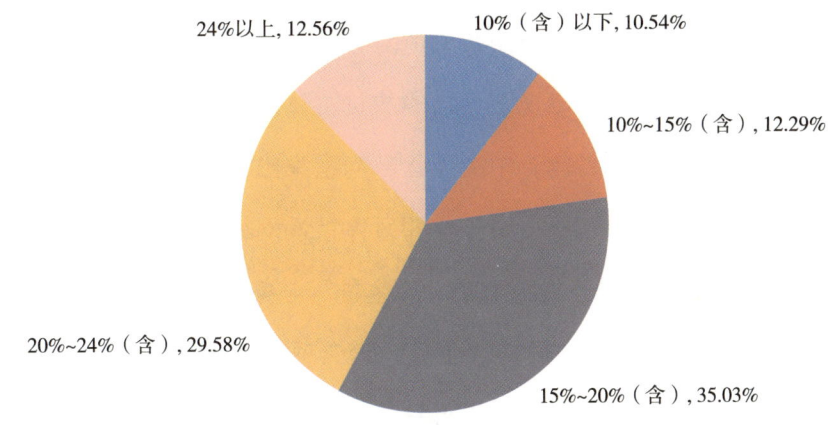

图3-6　样本机构新增贷款笔数按年化利率分布

（数据来源：中国互联网金融协会整理）

第二节 网络小额贷款的发展环境

一、中央政策

（一）网络小额贷款萌芽阶段

网络小额贷款公司的发展源于传统小额贷款公司。2005年，中共中央、国务院在《关于进一步加强农村工作提高农业综合生产能力若干政策的意见》（中发〔2005〕1号）提出"有条件的地方，可以探索建立更加贴近农民和农村需要、由自然人或企业发起的小额信贷组织"，同年，山西、四川、陕西、贵州、内蒙古等5省区开始商业性小贷业务模式试点。2008年，《关于小额贷款公司试点的指导意见》（银监发〔2008〕23号）发布，首次以部门规章的形式确立小额贷款公司的身份定位，明确小额贷款公司不吸收公众存款，经营小额贷款业务。在经历2008年至2015年的鼎盛期后，传统小额贷款公司发展面临瓶颈，网络小额贷款公司开始进入公众的视野。2015年，《关于促进互联网金融健康发展的指导意见》（银发〔2015〕221号）发布，明确网络小额贷款本质上属于小额贷款公司发放的小额贷款，要求其遵守现有小额贷款公司监管规定。由于该文件主要着眼于互联网金融整体规划发展，未对网络小额贷款监管细则作出具体安排。

（二）网络小额贷款整治阶段

随着互联网科技水平的提高，网络小额贷款业务迅速发展，满足了一部分中小微企业和个人的融资需求，但也增加了一些新的风险，如高杠杆、违规营销、暴力催收、个人信息泄露、监管套利等，甚至出现无资质的放贷主体向社会公众发放现金贷的情况，严重扰乱了社会经济秩序。2017年，中央监管部门密集出台了一系列政策措施，对网络小额贷款业务进行规范整顿，包括《关于立即暂停批设网络小额贷款公司的通知》（整治办函〔2017〕138号）、《关于规范整顿"现金贷"业务的通知》（整治办函〔2017〕141号）、《小额贷款公司网络小额贷款业务风险专项整治实施方案》（网贷整治办函〔2017〕56号）等。2019年，《关于网络借贷信息中介机构转型为小额贷款公司试点的指导意见》（整治办函〔2019〕83号）发布，为P2P网络借贷机构转型小额贷款公司提供了依据。

（三）网络小额贷款规范发展阶段

为进一步遏制监管套利、促进规范监管，2020年9月，银保监会办公厅印发了《关于加强小额贷款公司监督管理的通知》（银保监办发〔2020〕86号），鼓励小额贷款公司回归本源、专注主业，同时，在上位行政法规尚未出台的情况下，强调事中事后监管，明确授权地方金融监督管理局灵活把握并细化部分监管要求。同年11月，银保监会会同人民银行公开发布了《网络小额贷款业务管理暂行办法（征求意见稿）》，从业务准入、业务范围和基本规则、经营管理、监督管理等方面对网络小额贷款业务作出较为细致的规定，并要求从业机构做好自查和整改；同时对网络小额贷款的经营范围、展业区域及杠杆倍数等进行了明确限定，并提高了股东资质和注册资本金要求，是网络小额贷款风险监管制度建设进程中的一项重要举措，对促进行业良性发展具有重要意义。

二、地方政策

在宏观政策框架下，为适应本地区发展及监管需要，多地金融监管部门发布了地方性网络小额贷款业务管理办法（见表3-1），主要包括以注册资本、股东资质、高管任职要求等为主的准入制度，以融资杠杆、贷款限额、利率规定等为主的经营制度和以信息披露、数据报送、检查方式等为主的日常管理制度，各地管理办法在注册资本金、融资杠杆、贷款额度等方面存在一定差异（见表3-1）。此外，部分地方金融监管部门从行政审批流程、资金来源、资金使用以及机构落户、增资扩股、税收减免、人才引进等方面给予经营网络小额贷款业务的小额贷款公司一定扶持，鼓励创新发展。

表3-1 地方性网络小额贷款业务管理办法

地区	时间	政策文件	部分条款内容
赣州	2013年	《赣州市网络小额贷款公司监督管理暂行办法》	·资金来源主要为股东缴纳的资本金以及银行业金融机构的融入资金等 ·从银行业金融机构融入资金余额不得超过注册资本金的2倍 ·原则上单户100万元以内的小贷余额之和占全部贷款余额的比例不低于70%，同一借款人的贷款余额不得超过网络小贷公司资本净额的10%
重庆	2015年	《重庆市小额贷款公司开展网络贷款业务监管指引（暂行）》	·注册资本3亿元（含）人民币以上 ·公司开业经营一年（含）以上

续表

地区	时间	政策文件	部分条款内容
广州	2016年	《广州民间金融街互联网小额贷款公司管理办法（试行）》	·注册资本不得低于1亿元 ·主发起人与其关联方合计持股比例不得低于35% ·主要利用自有资金开展贷款业务，同时可通过银行业等金融机构、小额再贷款公司进行对外融资或通过广州金融资产交易中心等经批准的融资方式进行外部融资 ·同一借款人及其关联方的贷款余额不得超过注册资本的5%，且不超过500万元
上海	2016年	《上海市小额贷款公司互联网小额贷款业务专项监管指引（试行）》	·放贷资金实施专户管理 ·借款人为自然人的，上限原则上不超过20万元；借款人为法人或其他组织的，上限原则上不超过100万元
江西	2016年	《江西省网络小额贷款公司监管指引（试行）》	·注册资本金不低于2亿元人民币
黑龙江	2017年	《黑龙江省小额贷款公司开展网络小额贷款业务试点相关监管政策规定（试行）》	·存续小贷公司申请开展网络小贷业务试点，需开业满1年（含）以上，经营状况良好，监管评价较高，注册资本不低于1亿元；新设公司注册资本不低于2亿元 ·债权融资余额不得超过其资本净额的2倍

第三节 网络小额贷款的主要问题与挑战

一、政策扶持仍处于洼地

同样以服务"小微""三农"为主，与贷款公司、村镇银行及农村信用社等机构相比，开展网络小贷业务的小贷公司未充分享受相关税收优惠及扶持政策。目前，小贷公司暂不适用简易计税方法按3%的征收率计算缴纳增值税，其线上经营的特点对应可抵扣进项税的费用如固定资产与物料费用、房屋租赁费用、会议费用、住宿费用等也相对较少。而由于金融机构性质认定问题，部分地方的网络小贷业务无法享受金融机构在开展"小微"等业务所对应的税收优惠和涉及机构落户、增资扩股、人才引进等方面的各类补贴和扶持政策。

二、业务经营面临竞争加剧

通过对136[①]家正开展的网络小贷业务进行抽样调查，发现近20%尚未依托或形成互联网业务生态，故对应较高的获客及风控成本，业务较少或处于长时间停滞，仅有为数不多依托电商平台开展网络小贷业务的小贷公司经营情况较好。而随着商业银行等金融机构日益深入的互联网布局，市场竞争将愈演愈烈，这给网络小贷业务的发展带来不少挑战。

三、相关监管规定仍需细化深化

具体来看，一是根据《转型试点意见》规定，单一省级区域经营小贷公司可在所注册省级行政区域内线上或线下开展小额贷款业务。然而，考虑到业务开展的省域判别，仍缺乏一定依据。比如，对业务开展的贷款对象所在区域如何判别？存在按照身份证、常住地、互联网设备所在地等多种判别方式。另外，《转型试点意见》在股权管理、资金来源等方面的规定对已开展的网络小贷业务是否适用？二是按照现有要求，规定单一自然人、企业法人、其他社会组织及其关联方持有股份不得超过小贷公司注册资本总额的10%，而地方对持股比例规定相对宽松，存在差异，最大可达100%。三是对地方批复的全国经营范围各地认同有别，开展业务面临阻力。

第四节　网络小额贷款的发展趋势与展望

一、行业发展治理体系逐步健全

近年来国家出台了一系列监管政策和整顿措施，从网络借贷风险专项整治、规范"现金贷""校园贷"，再到《网络小额贷款业务管理暂行办法（征求意见稿）》等，

---

① 该136家公司通过网页或App方式直接开展网络小贷业务。

我国网络小额贷款行业逐步进入规范发展阶段。未来随着网络小额贷款的法律定位、市场准入、业务范围、法律监管以及退出机制等问题进一步明确，相关行业治理体系逐步健全，行业风险管理能力将获得长足提高，有助于网络小额贷款更好服务实体经济和民营企业、小微企业。

二、金融消费者权益保护日益完善

健全的金融消费者权益保护制度是网络小额贷款行业长远稳健发展的前提。随着以客户为中心和"负责任金融"理念的深入，金融消费者权益保护力度将进一步增加。一是关于贷款主体、年化综合息费成本、还本付息安排等信息披露内容逐步完善，行业透明度持续提升。二是即将出台的《个人信息保护法》将为消费者个人信息保护提供坚实的法律依据，有助于从业机构建立健全消费者金融信息保护机制，数据使用将更加规范。三是金融消费者投诉受理、处理机制不断优化，促进贷款服务闭环管理的良性循环。

三、以数字化为主线加速融合

网络小额贷款市场参与主体主要包括小额贷款公司、商业银行等金融机构、金融科技企业等，随着数字技术应用的深化，业务合作也将持续迭代升级，分工日渐细化。一方面，金融机构与金融科技公司在资金和技术两方面各自具备优势，融合发展有助于提高信贷投放精准度、降低服务成本、减少风险隐患、提高普惠金融服务能力。另一方面，在引流获客、资金投放、风险管理、贷后催收等业务环节已存在较为细化的分工，为各类别机构在细分领域创新发展提供了空间，有助于解决网络小额贷款市场特色产品少、行业竞争激烈等问题。

第四章
互联网保险

- 2020年互联网保险发展情况
- 互联网保险的发展环境
- 互联网保险的主要问题与挑战
- 互联网保险的发展趋势与展望

第四章 互联网保险

第一节 2020年互联网保险发展情况

一、互联网保险保费规模稳步增长，占保险行业原保费收入比重较上年基本持平

根据银保监会及中国保险行业协会发布的2020年保险业运行数据，我国互联网保险保费收入总额为2 908.75亿元[①]，较2019年增加212.43亿元，同比上升7.88%。2020年我国保险业原保费收入4.53万亿元，同比增长6.12%，增速较2019年同期下降了6.05个百分点。2020年全年互联网保险保费收入占保险业原保费收入的6.43%，较上年基本持平（见图4-1）。

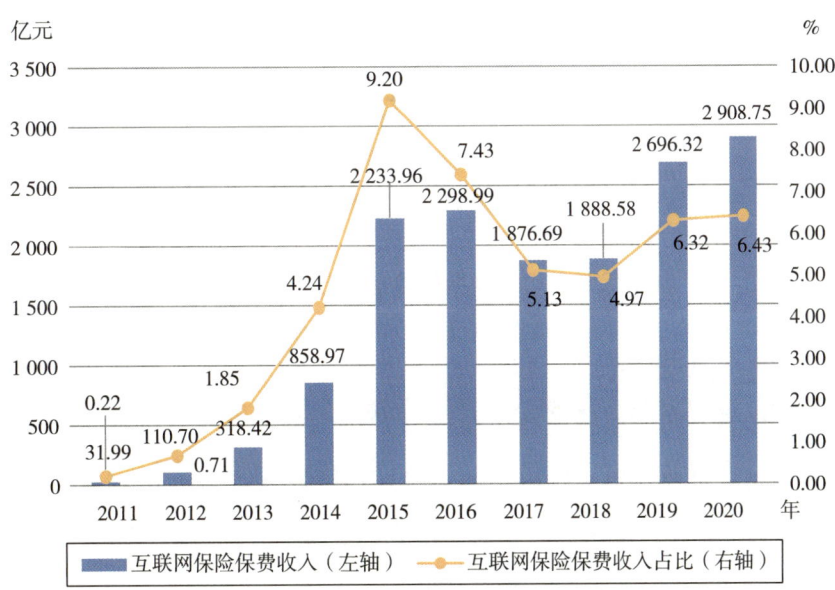

图4-1 互联网保险保费收入规模及占比

（数据来源：中国保险行业协会，中国互联网金融协会整理）

[①] 互联网保险保费收入总额为财产保险公司互联网保险保费收入和人身保险公司互联网保险保费收入总和。

二、互联网财产保险业务规模有所收缩，互联网非车险业务呈现持续增长态势

根据中国保险行业协会发布的《2020年互联网财产保险市场分析报告》，2020年，受新冠肺炎疫情以及车险综改、意外险改革、信用保证保险新规等监管因素综合影响，我国财产保险公司互联网保险保费收入797.95亿元，同比下降4.85%。互联网保险保费收入占财产保险公司总保费收入的比重为5.87%，同比下降0.57个百分点（见图4-2）。

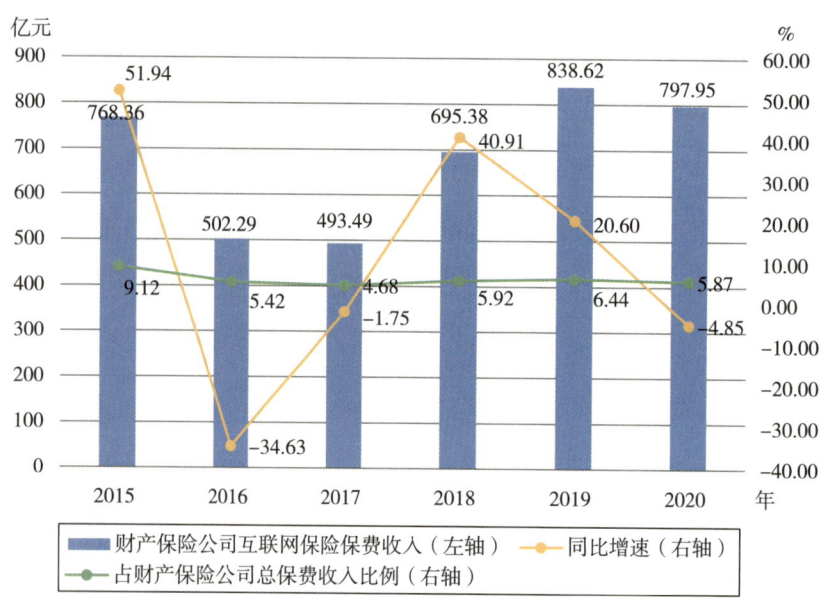

图4-2 财产保险公司互联网保险保费收入规模、增速及占比

（数据来源：中国保险行业协会，中国互联网金融协会整理）

2020年全国共有73家财产保险公司开展互联网保险业务，其中规模保费位列前十的公司累计实现规模保费收入622.12亿元，占财产保险公司互联网保险总规模保费收入的77.96%，较2019年同期下降4.46个百分点。市场集中度有所下降，竞争更加充分。

互联网车险业务方面，2020年累计保费收入220.60亿元，同比下降19.64%，保费规模持续走低，占财产保险公司互联网保险保费收入的比重仅为27.65%，较2019年下降5.09个百分点；互联网非车险业务方面，2020年累计保费收入577.35亿元，同比增长2.35%，呈现持续增长态势，占财产保险公司互联网保险保费收入的72.35%（见图4-3）。

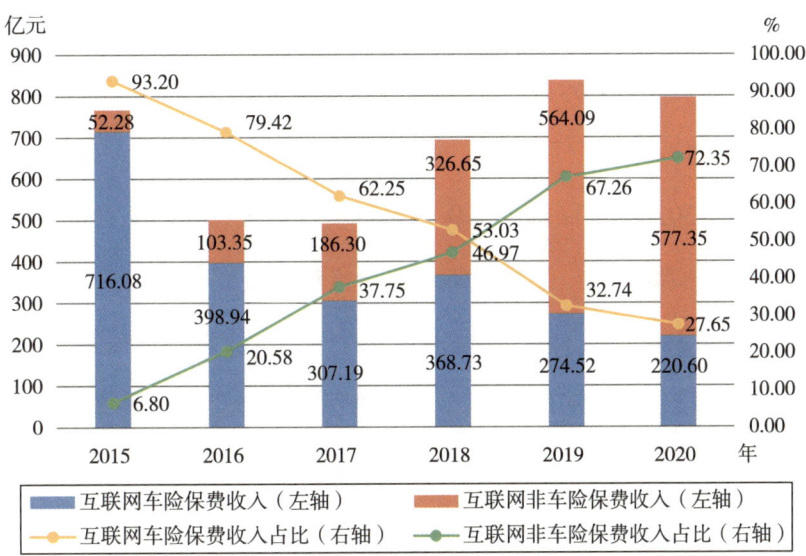

图4-3 财产保险公司互联网保险分类保费收入及占比

（数据来源：中国保险行业协会，中国互联网金融协会整理）

三、人身保险公司互联网保险保费收入保持平稳增长态势，健康保险业务连续6年稳定快速增长

根据中国保险行业协会发布的《2020年互联网人身保险市场运行情况分析报告》，2020年我国人身保险公司互联网保险保费收入2 110.8亿元，较上年同期增加253.1亿元，同比上涨13.6%，规模保费保持平稳增长态势（见图4-4）。

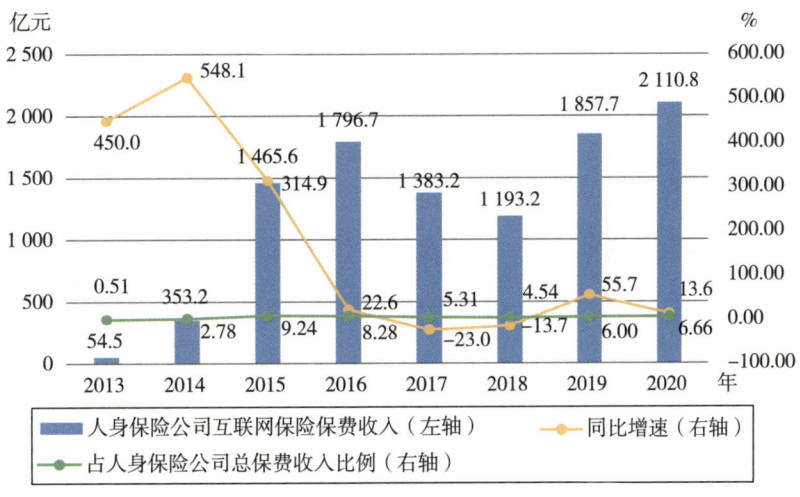

图4-4 人身保险公司互联网保险保费收入规模、增速及占比

（数据来源：中国保险行业协会，中国互联网金融协会整理）

2020年全国共有61家人身保险公司开展互联网保险业务,其中规模保费位列前十的公司累计实现规模保费收入1 681.2亿元,占人身保险公司互联网保险总规模保费收入的79.6%,较2019年同期下降7.9个百分点。

从险种构成看,2020年互联网人寿保险累计实现规模保费收入1 173.5亿元,较上年减少38.9亿元,同比下降3.2%;互联网年金保险累计实现规模保费收入490.1亿元,较上年增加136.9亿元,同比增长38.8%;互联网意外保险累计实现规模保费收入72.4亿元,较上年增加16.3亿元,同比增长29.1%;互联网健康保险累计实现规模保费收入374.8亿元,较上年增加138.8亿元,同比增长58.8%(见图4-5)。

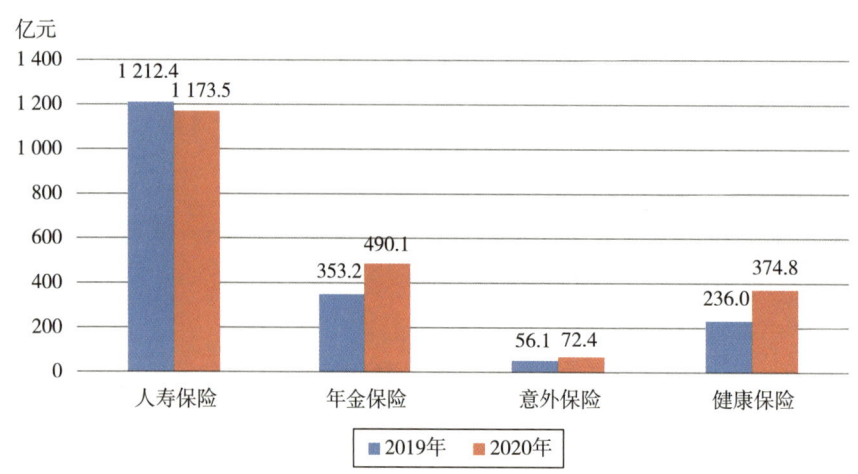

图4-5 人身保险公司互联网保险分类保费收入规模

(数据来源:中国保险行业协会,中国互联网金融协会整理)

2020年互联网人身保险产品结构持续调整,各类险种占比也出现一定的变化。其中,人寿保险仍为主力险种,占比为55.6%,同比下降9.7个百分点;年金保险依旧为第二大互联网人身保险险种,占比为23.2%,同比上升4.2个百分点;健康保险占比为17.8%,同比上升5.1个百分点;意外险占比与2019年基本保持一致,为3.4%(见图4-6)。

第四章　互联网保险

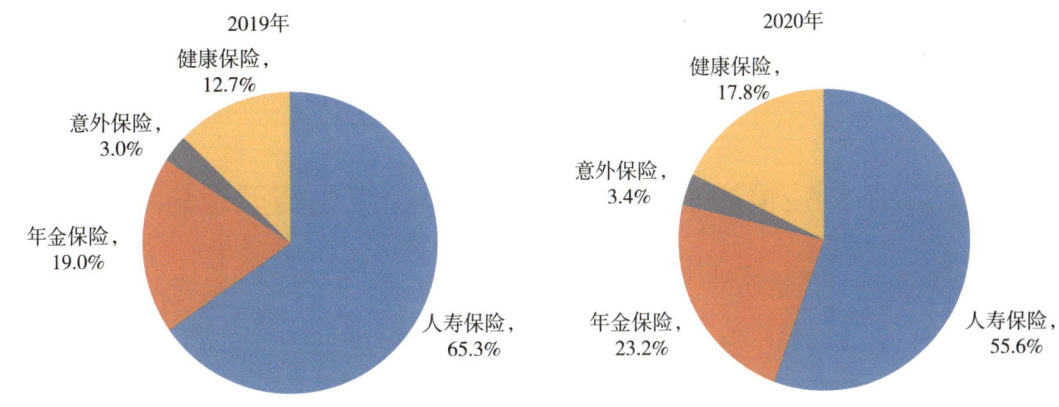

图4-6　人身保险公司互联网保险保费结构

（数据来源：中国保险行业协会，中国互联网金融协会整理）

四、第三方平台仍是财产保险公司和人身保险公司互联网保险业务的首要渠道

2020年，互联网财产保险延续了2018年以来的市场趋势，保险公司自营平台业务占比不断下滑，第三方平台业务占比上升到74.34%，其中第三方网络平台占42.02%，保险专业中介机构占32.33%。互联网车险业务方面以保险公司自营平台为主，占比60.31%，同比下降7.91个百分点；互联网非车险业务方面，仍以第三方平台业务为主，其中第三方网络平台占比54.55%，保险专业中介机构占比33.90%。

2020年，互联网人身保险公司的渠道经营模式仍以第三方平台（渠道）合作为主、公司自营平台（官网）为辅。其中第三方平台2020年累计实现规模保费收入1 787亿元，同比增长10.3%，占互联网人身保险总规模保费收入的84.7%，较2019年下降2.5个百分点；保险公司自营平台累计实现规模保费323.8亿元，同比增长36.1%，实现连续六年增长，投保客户数量累计达1 824.2万人次，同比增长75.6%，全年累计官网流量达47.5亿人次，同比下降22.8%。

第二节 互联网保险的发展环境

一、新冠肺炎疫情冲击下保险行业提升数字化转型理念

2020年新冠肺炎疫情暴发，保险行业受到多方影响。一方面，新冠肺炎疫情在一定程度上扰乱了生产秩序，对实体经济产生消极影响，进而冲击服务实体经济的金融机构。其中，保险机构的线下经营和销售面临较大挑战，暴露出保险机构对线下渠道过分依赖和营销模式缺乏灵活性等深层次问题。具体表现为：在销售渠道方面，传统线下营销渠道受阻；在保费增长方面，除健康险外其他险种受复工复产限制、上下游产业链影响，数量和增速双降；在险资配置方面，投资潜在风险上升，收益难度增加。

另一方面，新冠肺炎疫情促使保险业聚焦自身能力构建，进一步强化科技和数据的应用，在渠道、产品、服务、风控、生态等方面加速迭代，实现科技与业务模式的深度融合与重构，重塑竞争优势，努力实现高质量发展。部分保险机构通过加强互联网技术的综合应用，充分发挥互联网保险在渠道线上化、服务全时化、运营平台化、流程自动化等方面的突出优势，为疫情防控和生产生活平稳有序恢复提供了有力支持。

二、互联网保险监管制度体系逐步完善

2020年，监管部门不断加强制度建设，构建多层次立体化互联网保险监管制度体系，促进互联网保险业务健康可持续发展。

2020年5月，银保监会财险部向各财险公司下发《关于推进财产保险业务线上化发展的指导意见》，要求到2022年，基本建成功能完善、运行高效、基础完备，与银行业保险业高质量发展进程相适应，与广大人民群众财产保险需求相契合的线上化体系，车险等业务线上化率达到80%以上。鼓励具备条件的公司探索保险服务全流程线上化。

2020年6月，针对投诉暴露出的互联网保险领域突出问题，银保监会立足互联网新形式与消费新行为，结合保险销售可回溯管理经验，以行为监管为抓手，规范互联网保险销售行为，印发了《关于规范互联网保险销售行为可回溯管理的通知》（银保监发〔2020〕26号，以下简称《通知》），规范和加强互联网保险销售行为可回溯管理，保

障消费者知情权、自主选择权和公平交易权等基本权利，促进互联网保险业务健康发展。《通知》聚焦互联网保险销售页面管理和销售过程记录，明确互联网保险销售环节、页面内容和互动方式，创新销售页面版本管理机制，以应对互联网背景下由于保险销售页面不断迭代更新带来的取证难问题；创新销售过程记录，细化对于"操作轨迹"的认定与保存，避免保险机构以晦涩的软件代码应对检查；制定互联网保险销售行为可回溯制度，严格管控销售页面，实现销售行为可还原，有效遏制销售误导，保护消费者合法权益。

2020年12月，为规范互联网保险业务，有效防范风险，保护消费者合法权益，提升保险业服务实体经济和社会民生的水平，银保监会正式发布《互联网保险业务监管办法》（中国银行保险监督管理委员会令2020年第13号，以下简称《办法》），并将于2021年2月1日起施行。《办法》共5章83条，具体包括总则、基本业务规则、特别业务规则、监督管理和附则。重点规范内容包括：厘清互联网保险业务本质，明确制度适用和衔接政策；规定互联网保险业务经营要求，强化持牌经营原则，定义持牌机构自营网络平台，规定持牌机构经营条件，明确非持牌机构禁止行为；规范保险营销宣传行为，规定管理要求和业务行为标准；全流程规范售后服务，改善消费体验；按经营主体分类监管，在规定"基本业务规则"的基础上，针对互联网保险公司、保险公司、保险中介机构、互联网企业代理保险业务，分别规定了"特别业务规则"；创新完善监管政策和制度措施，做好政策实施过渡安排。

第三节 互联网保险的主要问题与挑战

一、机构方面，持牌和非持牌机构职责定位有待进一步明确，存在持牌机构超范围经营、非持牌机构违规经营的问题

如某专业互联网保险公司与某区域性保险专业中介机构合作，涉嫌违反专业互联网保险公司经营范围应"与互联网交易直接相关"、区域性保险代理机构不能经营互联网

保险业务的要求。部分互联网企业和科技公司在没有保险从业资质的情况下，实质从事拟定投保方案、代办投保手续等保险经营。因业务流程和责任归属划分不清，保险机构及第三方销售平台在发生保险争议纠纷时易出现互相推诿等情况，处理时间冗长，消费者体验不佳。

二、产品方面，部分保险机构片面追逐消费互联网"流量经济"红利，在产品设计、宣传及营销方面缺乏保险专业属性

产品设计上，部分保险机构为追求低价获客，设计出"钩子"产品。这类产品定价扭曲，引致大量客户围观抢购，极易超赔，造成产品本身亏损，扰乱产品体系稳定。产品宣传时，信息披露不充分、不明确，易误导消费者。如"百万医疗险"是费用报销式医疗保险，而非普通理解的定额给付百万元保额，消费者容易被"百万"两字误导而冲动投保。产品营销上，部分保险机构利用网络的跨区域性，在未设立分公司的省、自治区、直辖市违规展业。航意险等高度依赖场景的碎片化产品，在一些出行类平台上常被捆绑销售，侵犯了消费者的自由选择权。

三、人员方面，存在保险代理人员超范围执业、非保险代理人从事保险中介业务的情况

如一名代理人通过借用多人信息办理执业登记，同时使用20多家保险公司的App从事保险销售。大量未办理执业登记的人员，依托ToA类第三方网络平台，从事保险中介服务。此外，部分投保人为减免首期费用转化身份为"代理人"，通过从事保险产品推介获得首期减免。这些"共享代理人"与"客户代理人化"的现象，表面上可以增加部分群众对保险的认知，实际上却暗藏较大的责任风险。

四、数据方面，保险机构在数据采集、数据保护、数据共享与融合方面存在不足

在数据采集方面，保险机构与第三方网络平台在合作过程中，存在不能确保完整记录和保存互联网保险业务的交易信息，不能够完整、准确还原相关交易流程和细节等问

题。在数据保护方面，保险机构存在未经客户同意泄露其证件号码等敏感信息，或者将其资料用于其他产品和服务的交叉销售等问题。在数据共享与融合方面，数据交流平台和统一的数据指导标准供给不足、不优，数据难以汇集整合。

五、费用方面，第三方网络平台、保险代理人员和非保险行业从业人员存在费用列支与支付不规范、违规利益输送等问题

如第三方网络平台存在代收保费，获得保险销售佣金，或获得与保费规模、保单件数挂钩的信息技术服务费的行为。保险中介人员假借推广费的名义获得来自非执业登记保险机构的佣金。未进行执业登记的非保险行业从业人员，存在以分享链接等形式销售获得保险机构佣金等行为。

第四节 互联网保险的发展趋势与展望

一、多层次互联网保险治理体系进一步完善

互联网保险本质上是随着国家"互联网+"战略推进、保险渗透率不断提升、网络经济新模式不断涌现而产生的新兴业态，应从网络治理的规律中探寻监管逻辑和风险治理路径，优化营商环境和监管规则，进一步提升资本、技术、数据等相关要素的配置效能。

未来，互联网保险将充分运用现代治理理念，依托监管部门、行业协会、从业机构和保险消费者在内的多元治理主体，按照党的十九届四中全会提出的治理体系和治理能力现代化要求，建立完善法律约束、行政监管、行业自律、机构内控、社会监督五位一体的多层次治理体系，支持市场主体探索更具适应性、竞争性与普惠性的业务形态和商业模式，完善多层次的产品供给结构。

二、互联网保险风险治理职能切实发挥

新冠肺炎疫情对我国实体经济和数字经济的影响仍在持续,这也许是未来一段时期行业发展的底色和基本约束。保险作为重要的风险治理机制,保险机构作为风险治理的重要主体,对于疫情防控和服务经济社会发展具有独特的作用。

面对新冠肺炎疫情,各保险机构通过拓展保险产品责任、设计创新产品、简化理赔流程等方式为人民生命安全和身体健康、企业复工复产和经济平稳发展提供了支持保障。下一步,互联网保险将充分利用数字化优势,积极响应现实诉求,更好地发挥风险治理职能,依托金融科技支持重大疫情防治体系建设。

第五章
互联网银行

- 2020年互联网银行发展情况
- 互联网银行的发展环境
- 互联网银行的主要问题与挑战
- 互联网银行的发展趋势与展望

第一节 2020年互联网银行发展情况

近年来,数字科技和金融服务持续深度融合,推动银行服务向线上化、开放化、个性化迈进。与传统银行相比,互联网银行是不设物理网点,依靠数字化技术,通过互联网渠道销售产品、提供服务的新型银行。本节聚焦微众银行、网商银行和新网银行三家典型互联网银行进行分析。

一、服务实体经济力度加大,营收利润有所波动

2020年,互联网银行积极响应国家号召,支持新冠肺炎疫情防控、复工复产,普遍采取下调利率、延期还本付息、还款优惠、减免收费等措施,向实体经济让利。其中,微众银行和网商银行营业收入维持增长,2020年营业收入较2019年分别增长33.69%、30.01%,新网银行2020年营业收入较2019年下降12.09%(见表5-1)。

表5-1 互联网银行营业收入情况

单位:亿元人民币

银行	2018年	2019年	2020年
微众银行	100.30	148.70	198.81
网商银行	62.70	66.28	86.18
新网银行	13.35	26.81	23.57

数据来源:各银行公开披露年报,中国互联网金融协会整理。

2020年,受新冠肺炎疫情及国内外复杂经济形势变化等因素影响,互联网银行在2020年度面临考验,就净利润而言,微众银行实现净利润49.57亿元,同比增长25.50%;网商银行实现净利润12.86亿元,同比增长2.36%;新网银行2020年实现净利润7.06亿元,较2019年度有所下降(见图5-1)。

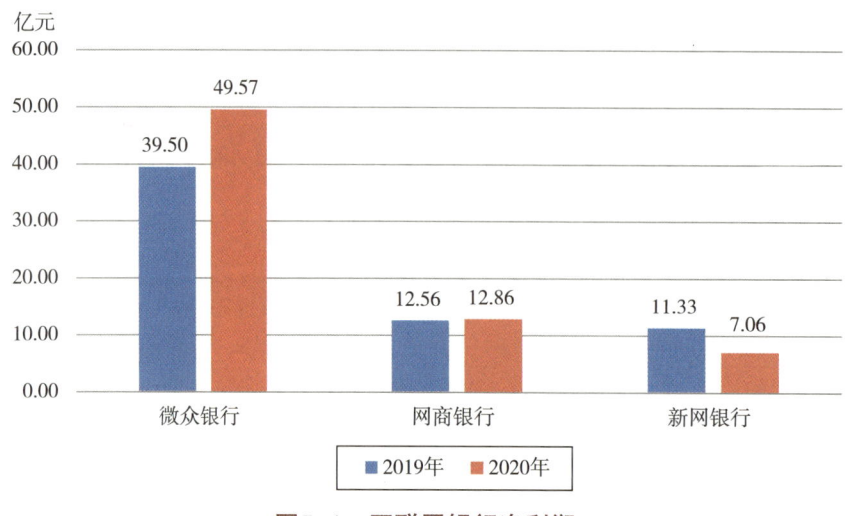

图5-1 互联网银行净利润

(数据来源:各银行公开披露年报,中国互联网金融协会整理)

专栏:互联网银行运用金融科技手段,致力发展普惠金融

借助数字技术优势,互联网银行在普惠金融领域深度耕耘,通过服务长尾客群,有效提升金融服务覆盖面、可得性和满意度。

微众银行针对普惠客群需求痛点,运用金融科技手段开展经营模式和产品创新。在服务小微企业方面,微众银行于2017年底推出了国内首个线上、无抵押企业流动资金贷款"微业贷",截至2020年末,累计触达企业188万家,并为其中超过56万户提供信贷服务,管理贷款余额增长207%,在贷企业法人客户数占服务业务覆盖地区小微企业总数的比重逾6%,有效满足小微企业"短小频急"的金融需求,成为解决小微企业"融资难"问题的有效途径。在服务大众消费者方面,微众银行累计为全国2.7亿个人客户提供线上银行账户、存款理财、小额信贷和支付等服务。以"微粒贷"为例,截至2020年末,"微粒贷"客户覆盖全国31个省(自治区、直辖市)逾560座城市,客群下沉,约80%贷款客户为大专及以下学历,约78%从事非白领服务业或制造业,笔均贷款仅8 000元,且因按日计息、期限较短,约70%的贷款总成本低于100元。

网商银行通过创新金融服务能力,支持小微企业、"三农"客户及个体经营者持续健康成长。支持小微企业方面,网商银行通过大数据准确定位受新冠肺炎疫情影

第五章 互联网银行

响严重的小微商家，推出帮扶贷款，通过专项利率减免、帮助线上商家实现免费"0账期"提前收款等措施，降低因风险事件冲击导致的经营风险。支持"三农"客户方面，网商银行县域普惠金融服务覆盖面持续扩大，截至2020年末，已实现与全国26个省（自治区、直辖市）中750多个县域签约，在为当地"三农"客户提供数字化金融服务的基础上，针对当地农业特色优势产业提供全产业链金融服务，推出"亿亩田"项目，通过卫星遥感和人工智能技术，丰富农户的可信数据，结合线下贷前调查，建立精准全面的农户风险评估及管理体系，为广大种植业用户提供线上线下融合的贷款申请、贷款审批、贷款提取服务，提升"三农"客户融资效率。支持个体经营者方面，网商银行联合支付宝、高德地图共同推出"点赞小店""旺铺有喜""点亮小店"等系列活动，利用科技力量赋能小店经济发展，帮助小店增强数字化能力；推出"木兰创业日"活动，通过发放免息额度、创建女性创业社区等方式，全方位为女性创业者提供支持。

新网银行发挥技术优势，建设"新一代数字科技普惠银行"。2020年，新网银行聚焦服务微小型实体企业，加大小微信贷投放力度，重点支持科技初创型企业的企业主、服务行业小商户、有经营性需求的农户等群体，在信贷政策上向小微金融业务倾斜。开启"银银合作"新模式，联合工商银行推出"e商助梦贷"等小微金融定制产品，助力小微群体复工复产。全年小微信贷计划完成率达962.63%，截至2020年末，普惠型小微企业贷款余额21.10亿元（其中小微企业贷款余额0.83亿元，个体工商户贷款余额4.10亿元，小微企业主贷款余额16.17亿元），较年初新增余额13.89亿元，增速超过190%，远高于其他业务增速水平，大幅超过以往年度小微贷款增速水平，在贷户数37 446户，较年初增加22 789户，增速达155.48%。

二、资产配置向信贷倾斜，负债结构相对稳定

从资产负债规模来看，截至2020年末，微众银行资产规模3 464.30亿元，同比增长18.95%，负债总额3 254.02亿元。网商银行资产规模超过3 000亿元，增速为123.04%，负债总额2 972.67亿元。新网银行资产和负债规模较2019年有所下滑，资产和负债总额分别

下降8.14%、10.79%。

从资产负债结构来看，发放贷款方面，微众银行和网商银行贷款余额均超过千亿元，其中微众银行发放贷款及垫款1 950.08亿元，较上年末增长22.92%，占资产规模的56.29%；网商银行发放贷款及垫款1 269.08亿元，较上年末增长81.22%，占资产规模的40.77%；新网银行发放贷款及垫款295.19亿元，较上年末下降8.86%，占资产规模的72.78%。吸收存款方面，微众银行为2 619.57亿元，较上年末增长10.86%，占负债规模的80.50%；网商银行为1 646.89亿元，较上年末增长108.84%，占负债规模的55.40%；新网银行为212.29亿元，较上年末下降20.56%，占负债规模的59.72%（见表5-2）。

表5-2 互联网银行资产负债情况

单位：亿元人民币

银行	资产总额	发放贷款和垫款	负债总额	吸收存款
微众银行	3 464.30	1 950.08	3 254.02	2 619.57
网商银行	3 112.56	1 269.08	2 972.67	1 646.89
新网银行	405.61	295.19	355.50	212.29

数据来源：各银行公开披露年报，中国互联网金融协会整理。

三、不良贷款率有所上升，资产质量总体可控

2020年，受到新冠肺炎疫情冲击和外部环境变化等多重不确定性因素的影响，网商银行、新网银行不良贷款率较2019年有所上升，微众银行下降0.04个百分点。从拨备覆盖率看，披露相关数据的微众银行和新网银行维持较高拨备覆盖率，相较2019年拨备覆盖率有所下降，分别下降13.05%和190.73%（见表5-3）。

表5-3 互联网银行资产质量情况

银行	不良贷款率	较2019年末增减	拨备覆盖率	较2019年末增减
微众银行	1.20%	−0.04%	431.26%	−13.05%
网商银行	1.52%	0.22%	未披露	—
新网银行	1.19%	0.59%	334.51%	−190.73%

数据来源：各银行公开披露年报，中国互联网金融协会整理。

四、重视科技能力建设，科技人员占比较高

银行所需技术及产品的升级迭代离不开专业人才的支撑。在科技人才的布局方面，从各互联网银行的人才结构可以看出，科技人员占全行员工总数的比例较高，具备鲜明的金融科技特色（见表5-4）。

表5-4 互联网银行科技人员占比

银行	2019年末	2020年末
微众银行	近六成	56%
网商银行	52.2%	56%
新网银行[①]	46%	47%

注：①新网银行数据为年报中披露的研发人员占比。
数据来源：各银行公开披露年报，中国互联网金融协会整理。

第二节 互联网银行的发展环境

一、监管与时俱进，持续规范细化

近年来，科技驱动的金融创新层出不穷，在提升金融服务效率的同时，降低了服务成本。同时，金融创新也带来非对称监管、数据产权不清和个人隐私泄露等新的问题。众多新兴金融创新模式在性质研判、责任边界界定、权利变化与拟定等方面都对银行合规提出新的要求。面对这些问题，监管部门的思路与时俱进，从机构监管向功能监管、行为监管转变。2020年，金融管理部门陆续出台《商业银行互联网贷款管理暂行办法》（中国银行保险监督管理委员会令2020年第9号）、《中国人民银行金融消费者权益保护实施办法》（中国人民银行令〔2020〕第5号）、《商业银行理财子公司理财产品销售管理暂行办法（征求意见稿）》，对于商业银行互联网存款与贷款、理财产品销售、金融消费者权益保护等确立监管规则。在此背景下，互联网银行需要做好合规准备，快速适应监管要求。

二、触达渠道多元，客户需求升级

据中国银行业协会统计数据，2020年，银行业金融机构离柜交易达3 708.72亿笔，同比增长14.59%；离柜交易总额达2 308.36万亿元，同比增长12.18%；行业平均电子渠道分流率为90.88%。用户触达金融服务的途径从线下逐渐转移到线上，这也为互联网银行提供服务奠定基础。同时伴随移动互联网的普及以及金融科技的迅速发展，用户已不满足于基本的支付、储蓄和理财功能，更希望金融服务能够兼具便利性、高效性、低成本以及易得性。零售客户个性化、场景化、碎片化的金融服务需求，小微企业客户在缺少抵押物、可靠财务信息情况下的贷款需求，产业客户基于其价值链特点的定制化、一站式的综合金融服务需求，对互联网银行的服务能力提出较高要求。

三、普惠金融政策，探索长尾客群

长期以来，"长尾客户"的金融服务需求并未得到充分满足。一方面，中小微企业和"三农"群体融资难、融资贵的问题仍待进一步破解；另一方面，传统投资理财服务门槛高，普通客户群体的闲置资金也缺乏安全可靠、收益合理的投资渠道。推进普惠金融是"十三五"规划的重要工作任务，政策的重视与要求以及原有高净值市场趋于饱和，推动银行等金融机构深入探索普惠金融业务领域，借助新兴数字技术以及自身运行效率的提升，开拓新的业务增长点，提升自身业务的服务能力和覆盖范围。

四、金融发展加速，竞争强度提升

随着金融业的快速发展，互联网银行不仅面对行业内部的激烈竞争，还面临跨业、跨界、跨境的外部竞争。内部竞争方面，随着大数据、人工智能、云计算等金融科技赋能应用，以数字化思维升级金融服务，提升普惠金融覆盖面和精准度，银行业内部竞争日趋激烈。外部竞争方面，一是面临跨业竞争，主要是来自券商、保险、基金、信托等金融机构的竞争，这些机构持牌运营，具备较强的资金实力、客户储备等优势，在零售金融乃至部分批发金融领域一定程度上压缩了银行发展空间；二是面临跨界竞争，随着金融科技的不断创新以及日趋成熟，互联网企业等非金融机构也逐渐切入金融服务产业链条，在营销获客、服务体验优化、技术外包等领域发挥重要作用；三是面临跨境竞争，随着海外资本的准入壁垒逐渐打开，金融市场的服务主体、产品应用越发丰富，互联网银行面临的竞争日趋多元化。

第三节 互联网银行的主要问题与挑战

一、数据源仍未充分打通

互联网银行服务对象为长尾客群，往往面临数据缺失的情况，特别是强金融强信用属性的数据缺失情况较为普遍。就企业客户数据而言，当前数据孤岛问题依然突出，我国涉企数据依然存在或按职能机构，或按区域的条块割裂现象，在数据获取效率、数据标准一致性、数据服务连续性等方面难以满足业务发展需要。此外反映企业经营情况的税务、支付、工商等数据开放程度整体不足，影响银行通过数据还原企业真实经营情况并进行信用评价，制约为企业提供充分的金融服务。就个人客户数据而言，目前合作机构在其生态体系内已积累了丰富的客户行为变量数据，如设备信息、消费或社交数据等，相关信息对银行识别客户风险有重要作用，但相关数据收集和使用的合规性有待评估和明确。

二、消费者权益保护面临挑战

数字化业务的特殊性、业务场景的创新性等使互联网银行消费者权益保护问题更为突出。互联网银行作为"看不见、摸不着"的银行，无分支机构，除总行营业部外无营业网点，缺乏逐层消化客户咨询和投诉的条件，客户咨询投诉呈现集中化特征，几乎全部集中于所在辖区。同时由于没有分支机构，业务模式除自营渠道外，大量采取与第三方合作的模式开展，而第三方机构间本身存在较大差异，增加了互联网银行处理投诉争议的复杂性。对于互联网银行而言，服务客户数一般在千万规模以上，客户分布于全国，咨询投诉绝对量大，这对互联网银行投诉处理机制和组织架构提出了更高要求，需要不断地探索与优化。

三、系统和信息安全面临挑战

随着移动互联网的快速发展，以及新兴信息技术在金融消费场景中的广泛运用，互联网银行在自建业务渠道之外通过技术手段与其他金融科技公司连接，基于金融开放平台、大数据分析平台等开辟出App、小程序、公众号等直达客户的业务新战场。然而在合作过程中，银行需要合作的多个金融科技公司管理要求互不相同，需要连接大量技术实现不同的信息系统，实现灵活多样的业务逻辑以及高度复杂的技术架构，企业安全体系的设计和运转需要紧密贴合业务发展模式和技术应用架构的特点，多元化的合作模式，给本就复杂的银行信息安全建设带来更多挑战。

第四节 互联网银行的发展趋势与展望

一、发展开放合作模式，融入场景形成全新生态圈

为应对外部冲击，全面提升互联网银行的竞争力，互联网银行应结合自身金融科技优势，采取开放、合作的运营模式，在符合监管要求的前提下，主动挖掘新模式的优势和价值，在渠道、客户、业务、数据和技术等方面加强与金融机构、非金融机构、政府等合作方的合作，建立场景拓展互联网银行服务范围，获取更多的流量资源，突破自身的资源限制，为客户提供更优化的服务体验，提高自身在场景下的服务能力，形成多维度多层次的场景生态服务体系，实现多渠道覆盖增加客户触点、多细分市场深度渗透、精准描绘客户画像、大数据技术准确识别客户需求和实时风险预警等多个方面能力的提升，与合作方实现多赢和共生价值。

二、提升自身核心能力，获取比较优势

从开放合作到生态圈构建，互联网银行应着重提升自身在产品、数据、风控、技

术、敏捷组织以及合规与内控等方面的能力，获取先发优势。就产品能力而言，一是产品模块化能力，以实现随需、随时调用银行金融产品服务的效果，并在此基础上进行产品创新，构建灵活、成熟的产品体系，深化融入复杂生态场景中，为客户提供综合服务。二是数据能力，数据是保障合作顺畅运转所需的血液，是合作过程中流转的核心基础资产。数据能力的提升需要数据收集、数据存储、数据分析以及数据安全等多方位能力的提升来实现。三是风控能力，风控能力是银行安全稳定展业的关键所在，互联网银行可通过构建线上风控平台，以数字化技术将风险管理规范与措施条例融合在线上化体系中，快速敏捷响应，实现差异化竞争优势，也有利于面对多场景不同风险因子的差异有针对性地平衡与把控。四是技术能力，系统规划因其先导性，是首先需要培育的能力，以满足与外部系统的对接等要求。在规划的引导下，需要强化平台和端口建设能力，以实现银行与合作方之间的数据、产品和资源共享，而在开放的生态合作中，互联网银行需要敏捷的开发能力保障对业务需求的实时响应。五是敏捷组织能力，更快捕捉丰富且多变的客户需求、应对不同场景业态，对互联网银行敏捷组织的产品迭代、风控能力及技术研发的时效性有非常高的要求，敏捷组织的构建短期可聚焦于模块化的组织单元，即以敏捷小组的形式快速响应，长期需构建整体层面的柔性组织，提升响应效率。六是合规与内控能力，监管机构对创新合作模式的监管是宽严相济的，一方面快速出台基础管理办法，另一方面也在持续优化监管方式，互联网银行应及时将外规内化，嵌入内控节点中，提高自身合规水平。

三、把握重点领域机遇，助力普惠金融发展

2021年是国家"十四五"规划的开局之年，互联网银行立足新发展阶段，坚持新发展理念，加快构建新发展格局，应把握"十四五"时期制造业强国、产业链和供应链自主、科技创新、新基建等重点领域发展带来的信贷需求，进一步优化资产结构，同时把握京津冀、长三角、粤港澳、成渝等国家重大区域战略实施为银行业带来的业务发展机遇，并积极落实国家重点经济工作任务，支持双碳目标实现，全面推进乡村振兴，利用金融科技推动普惠金融服务提质增效，实现互联网银行高质量发展。

第六章
互联网消费金融

- 2020年互联网消费金融发展情况
- 互联网消费金融的发展环境
- 互联网消费金融的主要问题与挑战
- 互联网消费金融的发展趋势与展望

第一节　2020年互联网消费金融发展情况

一、互联网消费金融行业总体情况

（一）消费贷款余额稳步增长，增速呈现逐步下降趋势

截至2020年末，我国境内住户消费贷款余额为49.57万亿元，较2019年提升约12.74%。近五年来，境内住户消费贷款余额逐年上升，年增量稳定在6万亿元左右；增速逐年下降，已从2016年的32.19%下降至2020年的12.74%（见图6-1）。

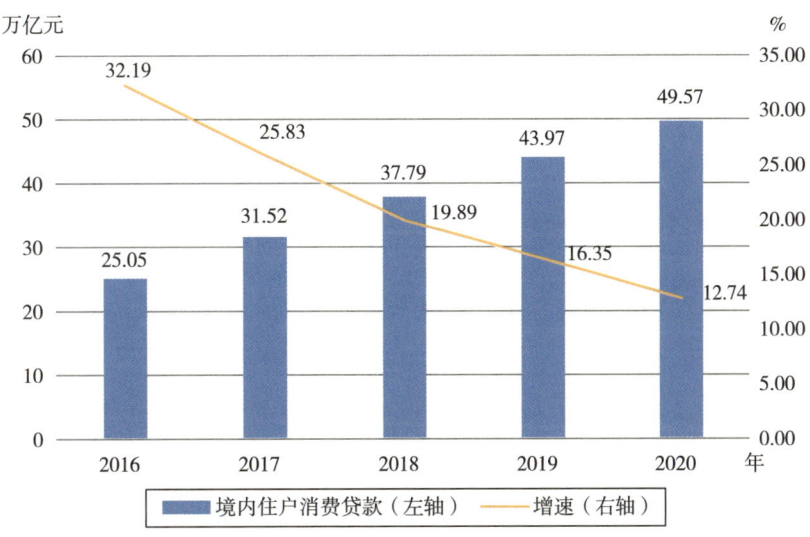

图6-1　2016—2020年境内住户消费贷款余额及变化趋势

（数据来源：中国人民银行，中国互联网金融协会整理）

（二）短期消费贷款规模下降，中长期消费贷款增长稳定

从贷款期限结构来看，2020年我国境内住户中长期消费贷款余额为40.79万亿元，同比增长19.81%，近年来稳步提升，自2017年以来增速稳定在17%~20%。2020年我国境内住户短期消费贷款余额为8.78万亿元，较2019年下降11.54%，从增速上看，2017年以来增速明显下降，2020年甚至呈现负增长（见图6-2）。

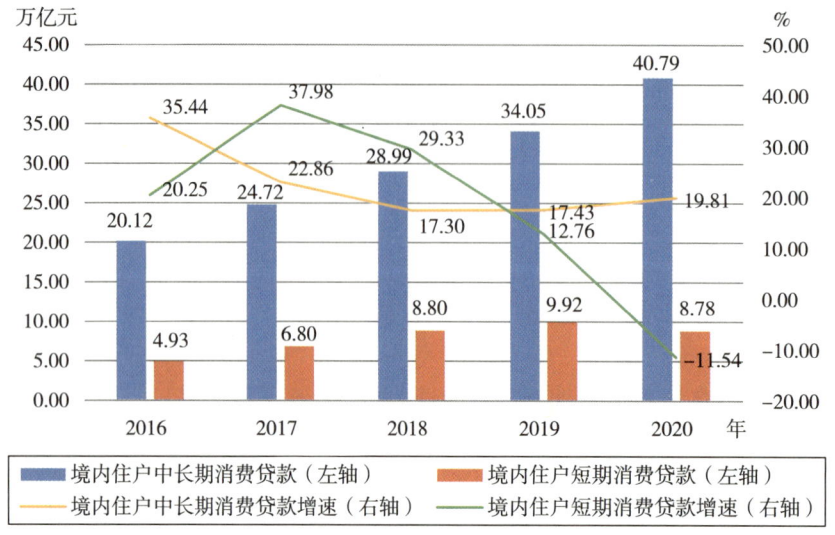

图6-2 2016—2020年不同期限消费贷款余额及增速情况

(数据来源：中国人民银行，中国互联网金融协会整理)

二、样本机构经营状况

本节选取11家市场份额较高、信息披露较为完整的互联网消费金融从业机构[①]（依照2020年总资产金额进行排序）作为分析样本，并通过11家样本机构的汇总数据分析2020年我国互联网消费金融的现状和发展态势。

（一）总资产情况

从总资产变化情况看，11家样本机构2020年总资产数为4 130亿元，较2019年增长0.69%（见图6-3）。11家机构中，有9家机构总资产相对于2019年增长，2家机构总资产较2019年下降。

---

① 选取的11家互联网消费金融从业机构包括招联消费金融有限公司、捷信消费金融有限公司、马上消费金融股份有限公司、兴业消费金融股份有限公司、中银消费金融有限公司、中邮消费金融有限公司、杭银消费金融股份有限公司、陕西长银消费金融有限公司、湖南长银五八消费金融股份有限公司、上海尚诚消费金融有限公司、北银消费金融有限公司。

第六章 互联网消费金融

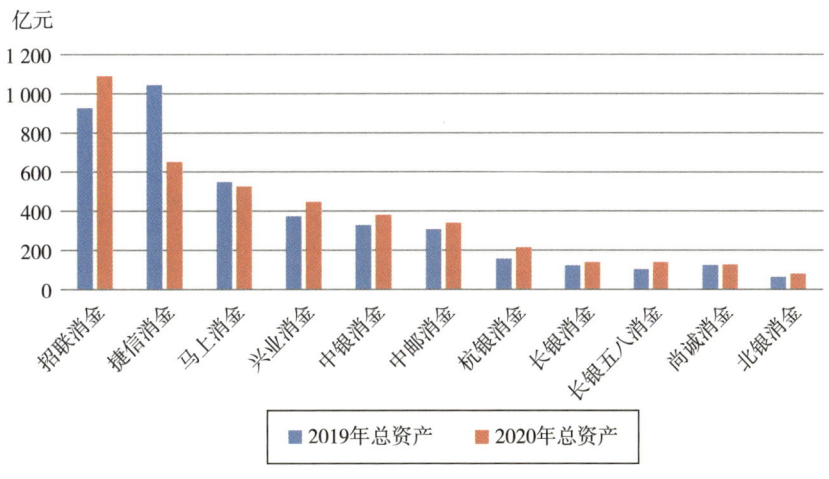

图6-3 样本机构总资产变化情况

（数据来源：上市公司年报等公开数据，中国互联网金融协会整理）

（二）营业收入情况

截至2020年末，10家样本机构[①]总营业收入为527亿元，相对于2019年末的533亿元下降1.14%（见图6-4）。10家机构中，7家机构营业收入实现正增长，3家机构营业收入出现负增长情况。

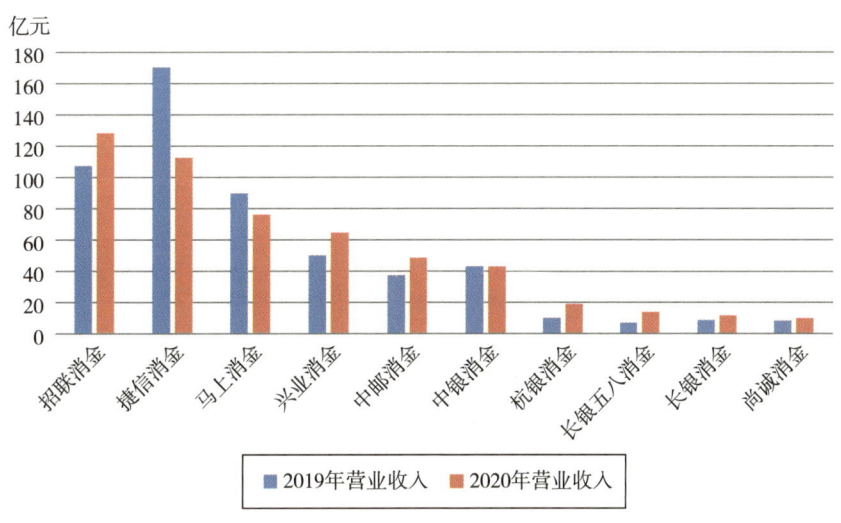

图6-4 样本机构营业收入变化情况

（数据来源：上市公司年报等公开数据，中国互联网金融协会整理）

---

① 因北银消费金融有限公司及其母公司北京银行未公开披露2019年及2020年营业收入数据，故营业收入分析部分样本不包含该公司。

（三）净利润情况

截至2020年末，11家样本机构净利润总额约55亿元，相对于2019年末的63亿元下降12.4%（见图6-5）。11家机构中，6家机构净利润实现正增长，5家机构净利润出现负增长情况。从绝对值来看，2家机构净利润超过10亿元，1家机构净利润在5亿元至10亿元之间，8家机构净利润在5亿元以下，无机构净利润为负。

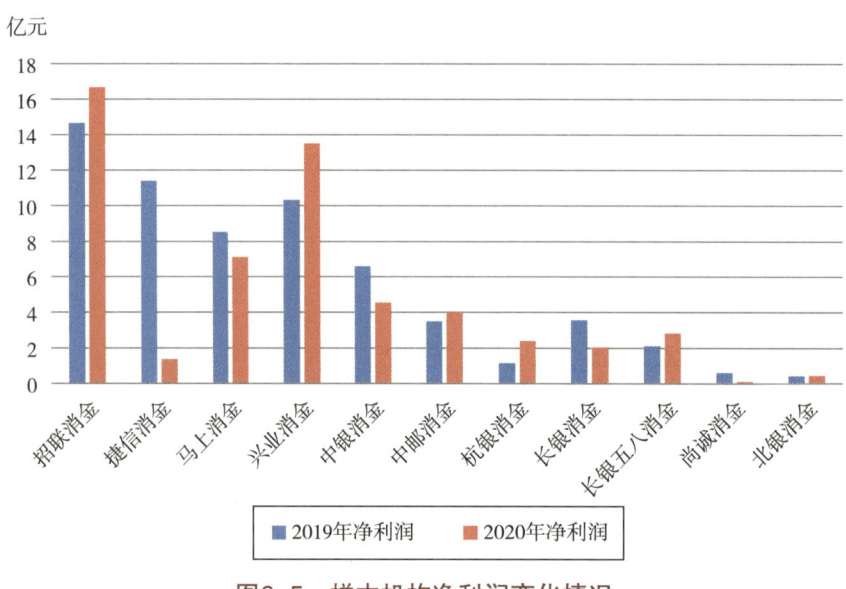

图6-5 样本机构净利润变化情况

（数据来源：上市公司年报等公开数据，中国互联网金融协会整理）

三、样本机构业务特征

本节以3家互联网消费金融机构作为样本，对其业务结构进行分析。

（一）线上贷款占比不断提升，用户数量快速增加且集中于中青年群体

从贷款结构看，目前消费金融公司绝大多数业务来源于线上，且线上化程度在逐步提升，样本机构线上贷款占比由2019年的98.88%上升至2020年的99.33%，新增注册用户数相比于2019年同比增长51.2%，呈现快速上升趋势。

用户年龄段方面，样本机构用户年龄在20岁（含）以下的占比4.17%，20~30岁（含）的占比50.47%，30~40岁（含）的占比34.43%，40~50岁（含）以上的占比9.52%，50岁以上的占比1.41%（见图6-6），用户年龄段主要集中在20~40岁。

第六章 互联网消费金融

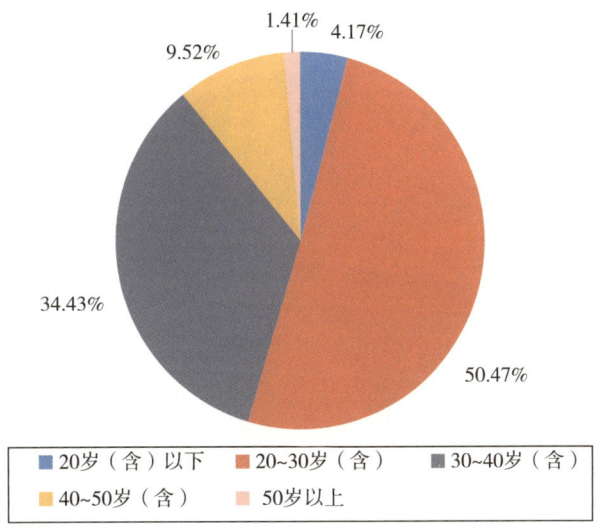

图6-6 样本机构用户按年龄分布

（数据来源：中国互联网金融协会整理）

（二）贷款具有小额短期的特征，还款方式多为等额本息

2020年，样本机构发放3 000元以下的贷款笔数占比78.90%，1万元以上贷款仅占总笔数的4.56%（见图6-7），小额贷款占据绝大多数。从用户授信情况来看，2020年末累计用户中72.72%的用户授信低于1万元（含），授信额度在3万元以上的用户仅占7.27%（见图6-8），从业机构更倾向于采取"小额分散"的业务模式，以降低业务风险。

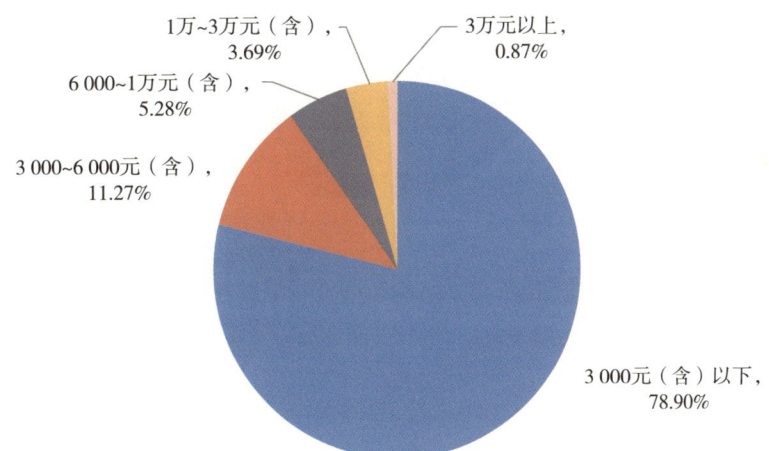

图6-7 2020年样本机构新增贷款笔数按金额分布

（数据来源：中国互联网金融协会整理）

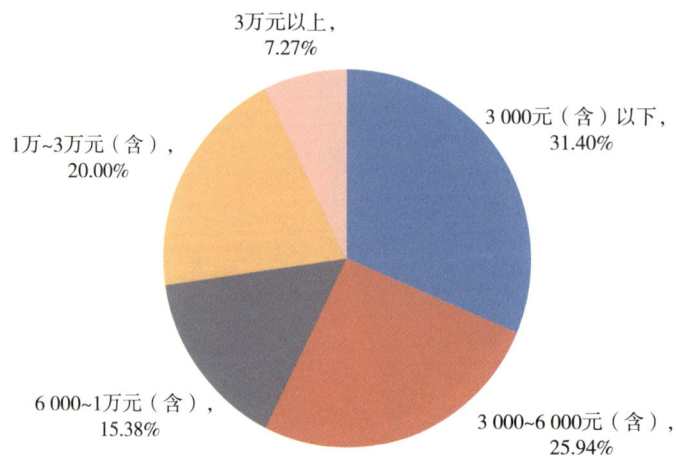

图6-8　2020年末样本机构用户数按授信额度分布

（数据来源：中国互联网金融协会整理）

2020年，样本机构贷款期限在3个月（含）以内的新发放贷款笔数占比为55.34%，3~9个月（含）、9个月至1年（含）的贷款笔数占比分别为11.15%、32.24%，九成以上新发放贷款集中在1年以内，1年期以上贷款仅占1.27%（见图6-9）。

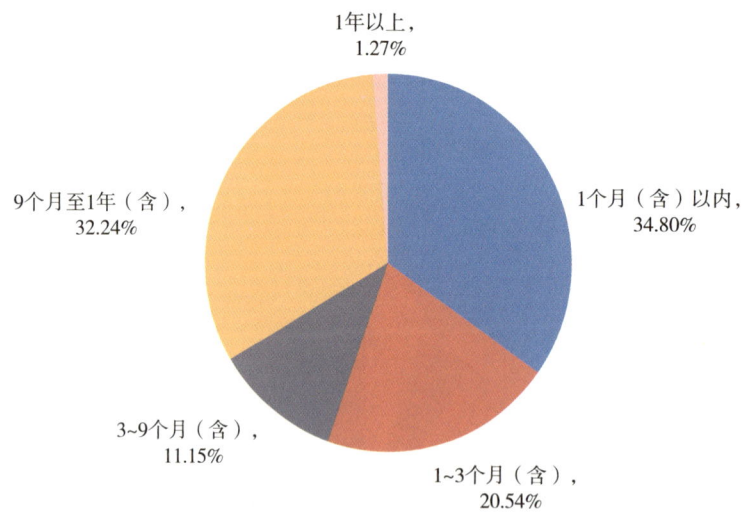

图6-9　2020年样本机构新增贷款笔数按期限分布

（数据来源：中国互联网金融协会整理）

从还款方式来看，九成以上的新发放贷款采取等额本息方式，采取等额本金方式的新发放贷款占总笔数的3.75%，其余还款方式贷款占比较少。

第二节　互联网消费金融的发展环境

一、消费金融监管框架不断完善

2020年3月，银保监会发布《中国银保监会非银行金融机构行政许可事项实施办法》[中国银行保险监督管理委员会令（2020年第6号）]，对消费金融公司的设立条件以及出资人资质作了进一步规定。其中在设立条件方面，重点对注册资本最低金额、董监高任职资质、公司内部治理及基础设施等多个方面提出了要求；在出资人资质方面，则是重点在从业经验、资产总额、盈利能力、资金来源等方面进行了明确。通过明确消费金融公司设立条件及出资人资质要求，可进一步保障消费金融公司的资金实力，防范消费金融市场风险，有利于行业健康平稳发展。

2020年7月，为规范商业银行等从业主体的互联网贷款业务经营行为，促进互联网贷款业务健康发展，银保监会制定并发布了《商业银行互联网贷款管理暂行办法》[中国银行保险监督管理委员会令（2020年第9号）]，并明确消费金融公司开展互联网贷款业务也参照该办法执行。该办法将金融机构互联网贷款业务纳入全面风险管理体系，并在授信、合作机构管理、联合贷款、贷款用途等方面进行了重点规定，该办法的发布填补了互联网贷款业务的监管空白，消除了制度的不确定性，在管控跨区域、资金被挪用、核心风控外包等潜在风险的基础上，为有关金融机构及其合作机构参与互联网消费金融业务提供了参考性规范。

2020年9月13日，中国人民银行正式发布《金融控股公司监督管理试行办法》（中国人民银行令〔2020〕第4号），在准入资质、股权结构、公司治理与风险管理方面建立了监管规范。随着该办法的出台，后续符合条件的互联网集团可能会被纳入金融控股公司监管体系，旗下互联网消费金融业务将接受金融管理部门的监督指导。

专栏：互联网平台纷纷加快消费金融业务牌照布局

近年来，互联网平台纷纷加快消费金融牌照布局。2020年多家新成立的消费金融公司存在互联网平台关联主体持股情况，持股比例在25%~70%不等。截至2020年末，部分互联网平台系消费金融公司有关情况如下。

序号	公司名称	注册地	注册资本	关联平台
1	杭银消费金融	杭州	25.61亿元	滴滴
2	晋商消费金融	太原	5亿元	360
3	哈银消费金融	哈尔滨	15亿元	百度
4	蒙商消费金融	包头	5亿元	新浪
5	尚诚消费金融	上海	10亿元	携程
6	平安消费金融	上海	50亿元	陆金所
7	小米消费金融	重庆	15亿元	小米

互联网平台积极布局消费金融业务牌照，一方面是严格落实"金融是特许行业，必须持牌经营"的监管要求，积极将自身消费金融业务活动纳入牌照管理。另一方面，多数互联网平台此前以小额贷款公司作为经营主体开展消费信贷业务，受制于融资渠道及成本约束，公司表内贷款规模十分有限，主要通过联合贷等模式开展业务，而通过持有消费金融业务牌照，将具有较为丰富的融资渠道和较低的融资成本，并且结合自身丰富的消费场景和流量优势，以及科技赋能风控、运营的能力，互联网平台系持牌消费金融业务将为市场持续注入新的活力。

二、金融消费者权益保护政策力度不断加大

2020年1月14日，银保监会发布《银行业保险业消费投诉处理管理办法》，要求银行业金融机构、保险机构、保险中介机构以及银行保险监督管理机构负责监管的其他主体遵照执行，该办法进一步压实从业机构的消费投诉处理的主体责任，明确了从业机构处理消费投诉的受理渠道、受理范围、处理时限等程序要求，有力推动了从业机构畅通投

诉渠道、提升投诉处理效率，为金融消费者合法行使投诉权利提供了保障。

2020年9月15日，人民银行发布了《中国人民银行金融消费者权益保护实施办法》（中国人民银行令〔2020〕第5号），并于2020年11月1日起施行。该文件进一步规范了银行、消费金融公司、汽车金融公司等各类互联网消费金融市场参与主体的消费者权益保护工作，强化了从业机构内部制度建设要求，扩大了信息披露范围，规范了从业机构营销宣传行为，进一步加大消费者信息保护力度。该办法的出台进一步强调了金融消费者权益保护工作的重要性，有力维护了互联网消费金融市场借款人的合法权益。

三、从业机构发展空间不断扩大

2020年4月，国家发展改革委等十一部门发布《关于稳定和扩大汽车消费若干措施的通知》（发改产业〔2020〕684号），鼓励金融机构积极开展汽车消费信贷等金融业务，通过适当下调首付比例和贷款利率，延长还款期限等方式，加大对汽车个人消费信贷支持力度，持续释放汽车消费潜力。该通知的出台，对汽车消费金融业务提供了有力支持。

2020年11月，银保监会办公厅发布《关于促进消费金融公司和汽车金融公司增强可持续发展能力、提升金融服务质效的通知》（银保监办发〔2020〕104号），对消费金融公司予以了多方面的支持。一是将消费金融公司拨备覆盖率要求由不得低于150%降至不得低于130%，拨备覆盖率要求降低将进一步提高机构盈利水平，提升机构的整体经营指标以及风险化解能力。鼓励消费金融公司在严格风险暴露的条件下，降低拨备水平，将给予相关机构经营更大的灵活性和包容度。二是拓宽市场化融资渠道，支持消费金融公司开展正常的信贷资产收益权转让业务，该措施可进一步盘活有关机构信贷资产流动性，提高资金使用效率，优化融资结构，降低从业机构流动性风险。三是支持符合许可条件的消费金融公司在银行间市场发行二级资本债券，拓宽资本补充渠道，增强抵御风险能力。此前，消费金融公司主要通过股东存款、同业拆借、发行金融债和ABS等方式补充资本，此次发文赋予了消费金融公司在银行间市场发行二级资本债的权利，为其提供了类似商业银行的市场待遇，进一步拓宽了消费金融公司的资本补充渠道，为消费金融公司扩大业务规模和抵御风险提供了有力支撑。

第三节 互联网消费金融的主要问题与挑战

一、新冠肺炎疫情的冲击

新冠肺炎疫情给社会经济的发展带来了巨大冲击，一方面，居民人均可支配收入增速和人均消费支出略有下降，疫情冲击导致部分行业难以全面复工复产，企业生产经营面临困境，对居民的工资收入造成了一定影响，进而抑制消费能力；另一方面，疫情隔离期间，居民所接触的消费场景大幅减少，主要消费支出集中于生活必需品，其他门类的消费受到较大影响。这种情况下，互联网消费金融行业在业务增长、客户质量、盈利能力等诸多方面受到影响。在业务增长方面，互联网消费金融业务依托于实际消费活动产生，实际消费数额的下降势必会影响消费金融行业的业务量；在客户质量方面，疫情期间的收入减少将会降低存量借款人的还贷能力，并迫使部分收入下降较多的人群通过过度贷款形式进行消费，对从业机构的资产质量造成不良影响。多重因素相叠加，给互联网消费金融从业机构的获客能力及风险控制能力带来了考验。

二、监管政策密集出台

2020年以来，政策新规对从业机构合规展业提出了更高的要求。在从业主体方面，《金融控股公司监督管理试行办法》（中国人民银行令〔2020〕第4号）将部分开展互联网消费金融业务的大型互联网集团纳入金融控股公司监管体系，在市场准入、公司治理、风险控制等方面将面临更高的合规性要求。在具体业务方面，《商业银行互联网贷款管理暂行办法》[中国银行保险监督管理委员会令（2020年第9号）]作为国内首个互联网贷款业务的从业指引，对有关机构开展互联网消费金融业务提出了更为严格的要求，从业机构需及时对照整改、确保业务合规。

三、消费者权益保护工作力度不足

互联网消费金融行业近年来的快速发展，新业务、新产品层出不穷，消费者也在逐年加速递增。然而，在业务加快发展的同时，从业机构消费者权益保护工作亟待加强。

部分机构尚未建立有效的内控制度，压实消费者权益保护主体责任，员工培训工作存在欠缺；个别机构营销宣传尚需规范，强制搭售产品、误导性宣传、歧视性定价、消费者适当性评估工作不足等情况依然存在；部分机构个人信息保护工作不到位，缺乏个人信息收集、存储、使用、加工、传输、提供、公开的标准工作流程，信息泄露、滥用等情况时有发生；部分机构贷后管理不规范，存在不当催收行为，甚至成为消费者投诉的重点。2020年以来，已有多家机构因为误导性宣传、不当收费、贷后管理不到位等原因受到人民银行、银保监会等监管部门行政处罚，从业机构的消费者权益保护工作仍任重道远。

专栏：中国互联网金融协会持续加强互联网贷款综合年化成本披露和明示自律工作

为保障金融消费者合法权益，维护市场公平竞争秩序，中国互联网金融协会在国家金融监管部门的指导下，持续推进互联网贷款综合年化成本披露和明示自律工作。前期，协会向会员机构下发了有关自律要求。为进一步强化自律要求落地及管理工作，2020年6月23日，协会组织蚂蚁集团、微众银行、度小满、360金融等行业头部机构召开线上会议，就头部机构落实相关自律要求的进展情况、存在的问题以及有关建议进行交流，协会副秘书长何红滢出席会议，人民银行货币政策司及市场利率定价自律机制有关专家到会指导。

各参会机构分享了落实相关要求的做法和已取得的成效，协会及有关专家对参会机构反映的问题及建议进行了回应。会议认为，加强互联网贷款综合年化成本披露和明示自律工作具有重要意义，既有利于保护金融消费者合法权益，也有利于维护借贷双方的长远利益，还有助于营造公平有序的市场竞争环境。

会议强调，协会各相关会员机构应及时、全面、规范落实互联网贷款综合年化成本披露和明示自律要求，行业头部机构应充分发挥带头示范作用，认真履行社会责任，促进形成"良币驱逐劣币"态势，引导行业规范健康发展。

第四节 互联网消费金融的发展趋势与展望

一、对"双循环""扩大消费"发挥积极作用

2020年《政府工作报告》提出"实施扩大内需战略","要多措并举扩消费,适应群众多元化需求"。2020年7月30日,中共中央政治局会议指出要加快形成以国内大循环为主体、国内国际双循环相互促进的新发展格局。2020年11月出台的"十四五"规划和2035年远景目标建议也提出"全面促进消费"。上述政策均强调了消费增长对于我国经济发展的战略地位。基础消费活动的增加、消费额的提升,将有利于扩大互联网消费金融市场容量。同时,互联网消费金融的有序发展,可在一定程度上促进消费增长、拉动内需,起到相辅相成的作用。消费作为"双循环"的重要动力之一将继续加强。

二、行业治理体系进一步优化完善

目前针对互联网消费金融行业监管框架正在逐步完善,多维度的监管政策持续推出,行业治理体系将进一步完善。随着国内首个互联网贷款业务的从业指引《商业银行互联网贷款管理暂行办法》[中国银行保险监督管理委员会令(2020年第9号)]出台,监管部门对互联网贷款业务的重视程度正在逐步提升,后续有望进一步制定配套政策。此外,中国互联网金融协会等行业自律组织也在着手制定有关行业标准,并在行业基础设施、调查研究等方面发挥作用,不断完善行业自律体系。从业机构层面,部分机构已着手启动内部改革工作,不断完善内部制度及内控体系建设,配合监管部门政策要求,对业务流程查漏补缺,提升自身业务合规性。后续,随着监管政策、自律体系、从业机构内部管理逐渐完善,行业整体的合规性将进一步提升。

三、数字化程度逐步加深

近年来,金融科技的发展对互联网消费金融行业产生了巨大的影响,无论是在贷前获客、贷中审批,还是贷后催收等环节,大数据、人工智能等技术都有很多成熟应用,大幅提升了互联网消费金融从业机构的服务效率及业务能力。在服务效率方面,从业

第六章 互联网消费金融

机构可以通过大数据精准分析客户画像，判断客户需求偏好，识别客户的潜在需求，提高营销前瞻性；通过移动客户端、互联网网站等，优化运营资源配置，识别交叉销售商机，实现精准营销，提升服务效率。此外，部分机构上线自动化审批系统，可以最大化减少人为参与的工作量，有效降低员工操作风险，提升审批速度，优化客户体验。在业务能力方面，多家消费金融公司已开始布局基于人工智能技术的反欺诈体系，用于保证账户安全、拦截个人欺诈和团伙欺诈，保障资产质量；部分公司建立了涵盖全生命周期的风险模型架构，全面覆盖主要渠道和产品，完成定制化的申请评分、行为评分和催收评分，对减少坏账、保障资产质量产生了积极作用。目前，各从业机构均在着手提升自身技术能力，加大技术研发投入，提高技术员工占比，持续加强先进技术在自身业务流程中应用。从行业整体来看，这一趋势将有力提升互联网消费金融行业的竞争力，并降低有关衍生风险。

第七章
互联网证券

- 2020年互联网证券发展情况
- 互联网证券的发展环境
- 互联网证券的问题与挑战
- 互联网证券的发展趋势与展望

第七章　互联网证券

第一节　2020年互联网证券发展情况

一、行业盈利能力进一步增强，资产规模稳步提升

2020年，证券行业实现营业收入4 484.79亿元，同比增长24.41%；实现净利润1 575.34亿元，同比增长27.98%，127家证券公司实现盈利（见图7-1）。截至2020年末，证券行业总资产为8.90万亿元，同比增长22.50%；净资产为2.31万亿元，同比增长14.10%（见图7-2）。由此表明，在我国经济受新冠肺炎疫情及严峻复杂国内外形势的影响下，证券行业仍有较好表现。

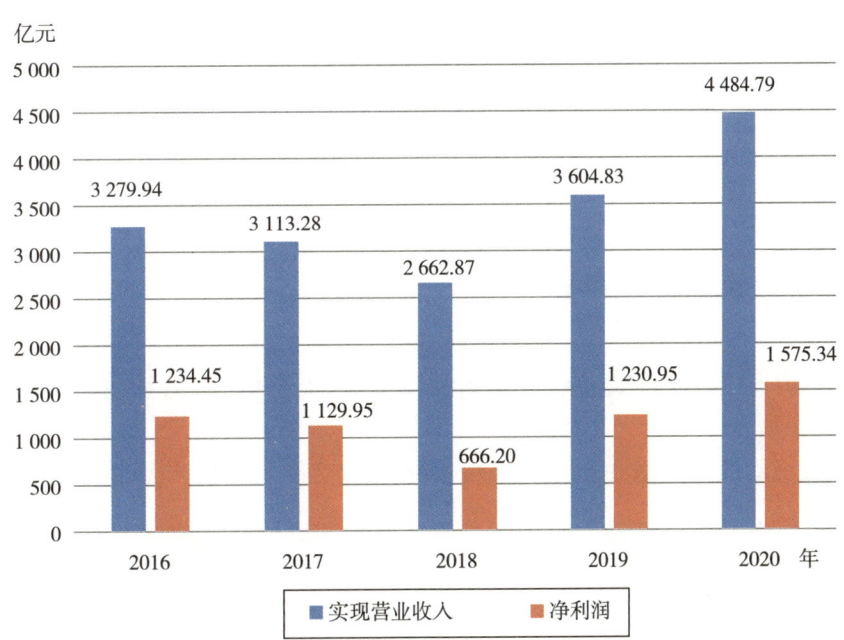

图7-1　2016—2020年证券行业营业收入及净利润

（数据来源：中国证券业协会，中国互联网金融协会整理）

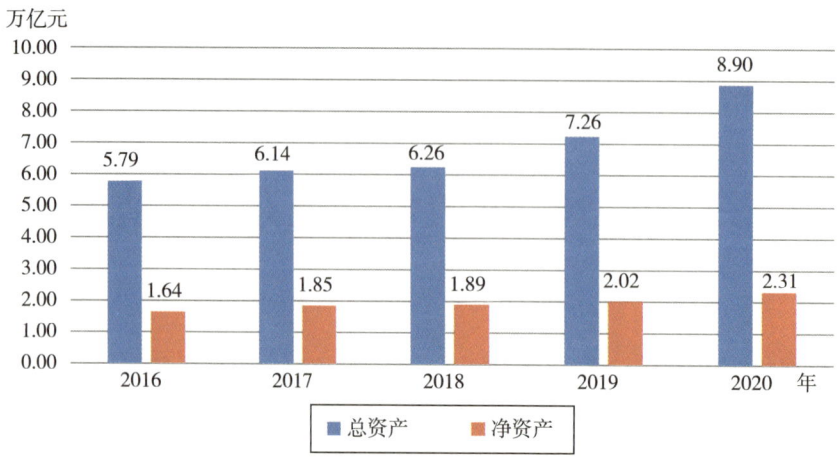

图7-2 2016—2020年证券行业总资产及净资产

（数据来源：中国证券业协会，中国互联网金融协会整理）

二、财富管理转型初见成效，服务能力持续增强

2020年，证券行业持续发力财富管理业务转型，实现经纪业务收入1 279.47亿元，同比增长54.82%。同时，实现代理销售金融产品收入125.72亿元，同比增长188.63%；实现投资咨询业务收入46.77亿元，同比增长24.01%。客户证券资产规模达61.17万亿元，同比增长37.67%。2020年证券行业代理机构客户买卖证券交易金额达464.37万亿元，同比增长557.65%。证券行业财富管理业务转型初见成效，差异化发展、特色化经营取得良好进展，服务居民财富管理能力持续提升。

三、移动端业务占比逐步提升，已成为主要业务渠道

2020年，移动端开户数占比维持高位，移动端交易及理财产品销售业务占比均稳步增长，移动端证券业务已然成为主要业务渠道，用户黏性显著增强。从移动端开户情况来看，2018—2020年5家样本公司[①]的平均移动端开户数[②]占比均维持在99%以上（见图7-3）。

[①] 选取的5家具有代表性的证券公司分别为国金证券、海通证券、平安证券、西南证券、招商证券（以上机构按首字母排序）。

[②] 移动端开户数指当年通过移动端（含移动终端应用及H5页面）新开立证券账户的用户数量（含合作导流方式开户）。

第七章 互联网证券

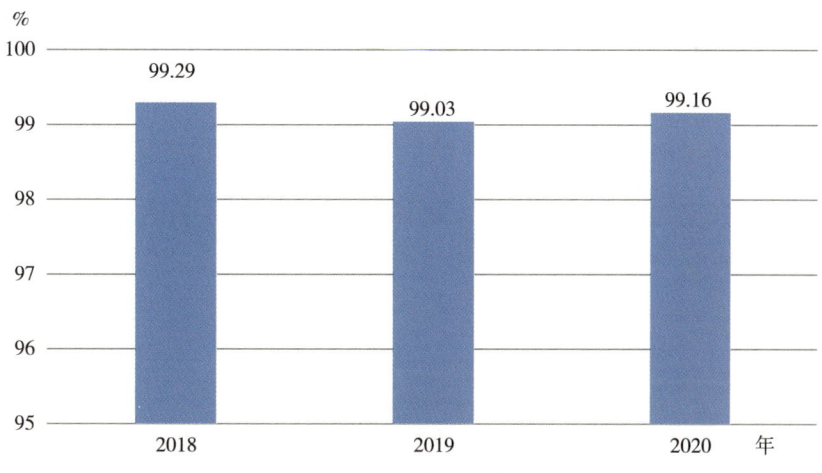

图7-3 样本公司移动端开户数占比情况

（数据来源：中国互联网金融协会整理）

从移动端交易情况来看，2018—2020年5家样本公司平均移动端交易金额[①]及交易用户数[②]占比均持续上升，其中2020年平均移动端交易金额占比为59.54%，较2019年上升5.23个百分点，2020年平均移动端交易用户数占比为91.12%，较2019年上升5.63个百分点（见图7-4）。

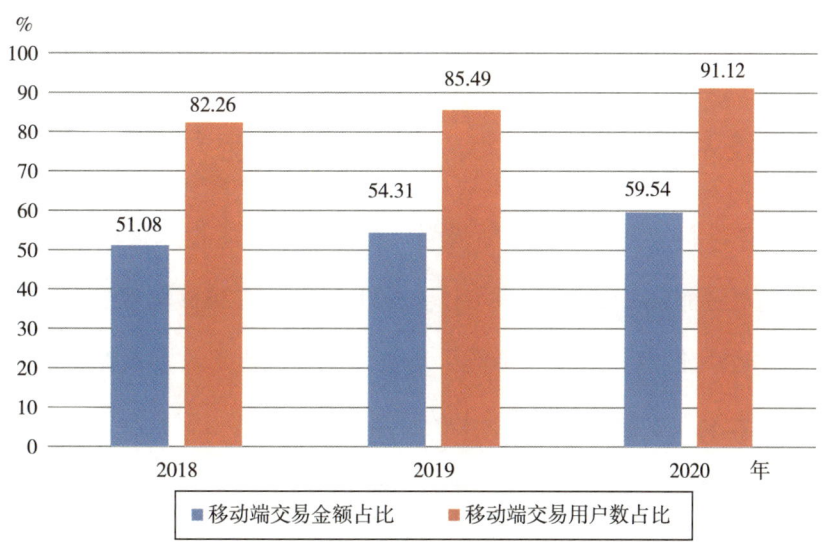

图7-4 样本公司移动端交易金额及交易用户数占比情况

（数据来源：中国互联网金融协会整理）

[①] 移动端交易金额指当年通过移动终端应用（含自有及第三方移动终端应用）完成的证券交易金额。
[②] 移动端交易用户数指当年曾使用移动终端应用进行过证券交易的用户数量。

从移动端理财产品销售情况来看，2018—2020年5家样本公司平均移动端理财产品销售规模[1]及投资人数[2]占比不断增加，其中平均移动端理财产品销售规模占比由2019年的57.09%上升至2020年的61.39%，增加4.3个百分点，平均移动端理财产品投资人数占比由2019年的68.95%上升至2020年的72.17%，增加3.22个百分点（见图7-5）。

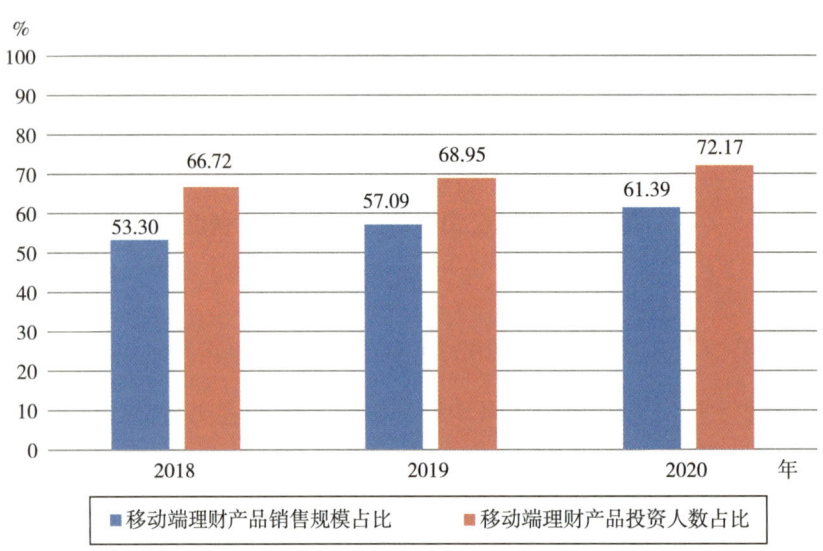

图7-5　样本公司移动端理财产品销售规模及投资人数占比情况

（数据来源：中国互联网金融协会整理）

四、信息技术投入持续加大，数字化治理能力受到重视

证券行业对信息科技重视程度不断增强，行业信息技术投入逐年增长。2020年，全行业信息技术投入金额262.87亿元，同比增长21.31%，占2019年度营业收入的7.47%。2020年102家证券公司信息技术投入金额平均值为25 771万元，投入在平均值以上的公司有23家。信息技术投入金额在5亿元以上的证券公司17家，1亿元至5亿元（含）43家，5 000万元至1亿元（含）28家，5 000万元及以下14家（见图7-6），绝大多数证券公司信息技术投入较上年有所增加。信息投入金额占比在上年营业收入的5%以上的机构有22

---

[1] 移动端理财产品销售规模指当年通过移动终端销售的理财产品规模（剔除公募基金、私募基金、基金子公司发行的资管产品、保险公司发行的产品）。

[2] 移动端理财产品投资人数指当年曾使用移动终端购买过理财产品的人数（剔除公募基金、私募基金、基金子公司发行的资管产品、保险公司发行的产品）。

家，其中占比最高的为东方财富，达17.43%。

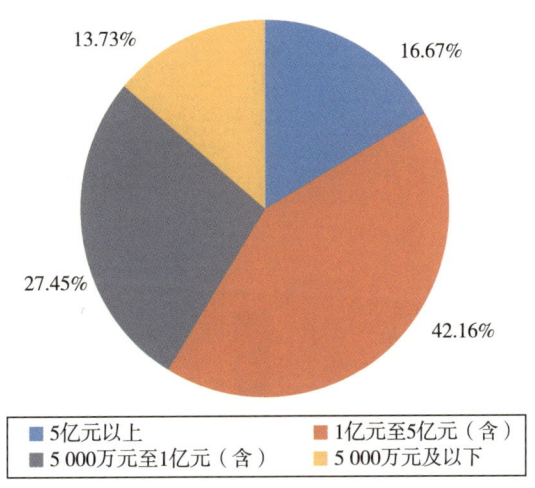

图7-6　2020年证券行业信息技术投入情况

（数据来源：中国证券业协会，中国互联网金融协会整理）

从研发人员占比来看，2020年5家样本公司平均研发人员占比为8.53%，较2018年、2019年分别增加1.69个和1.89个百分点（见图7-7）。表明证券公司在人员配置上进一步提升了信息技术从业人员占比，持续加大信息技术投入力度。

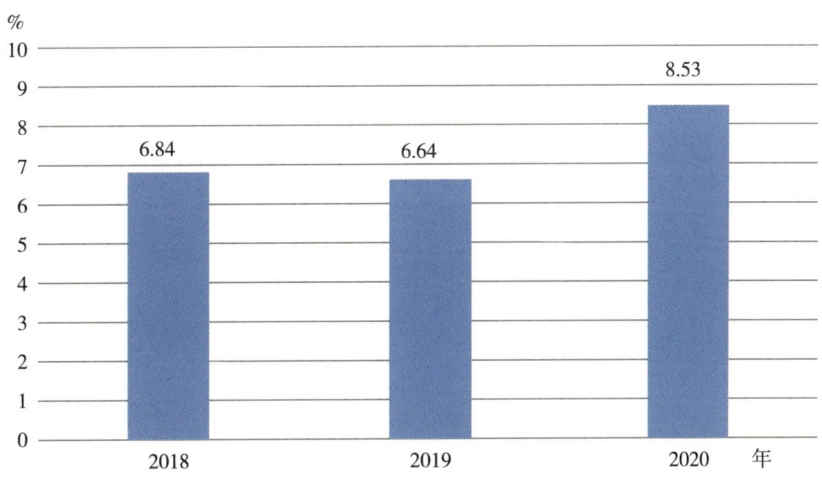

图7-7　样本公司平均研发人员占比情况

（数据来源：中国互联网金融协会整理）

五、投资者数量显著增加，市场活力不断增强

《中国证券登记结算统计年鉴2020》公布的相关统计数据显示，2020年全年新增投

资者1 802.26万，其中自然人投资者1 798.56万；2020年期末投资者数为1.78亿，较上年增长11.28%。投资者数量近年来持续增加，投资者对于市场的信心有所恢复，进场和交易投资的意愿明显增强，市场活跃度不断提升（见图7-8）。

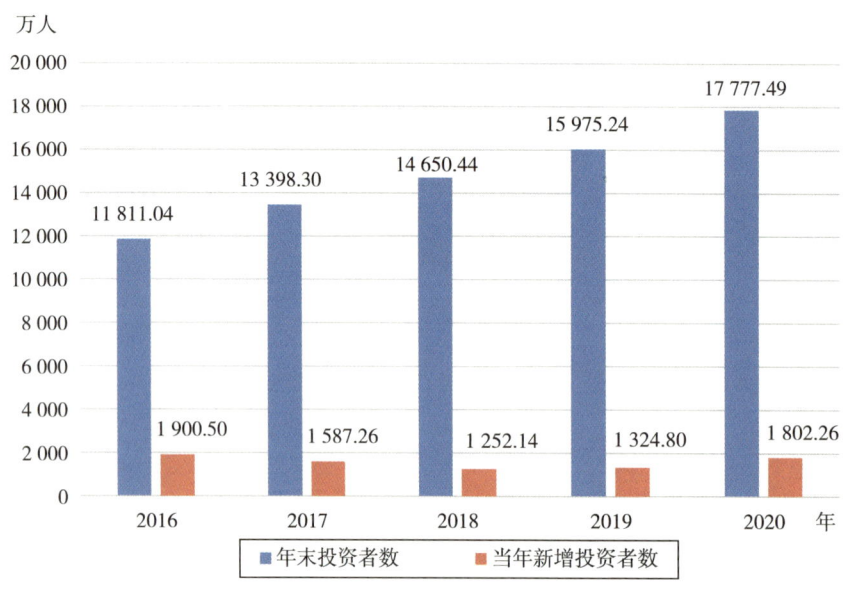

图7-8　2016—2020年证券行业投资者数量情况

（数据来源：《中国证券登记结算统计年鉴2020》，中国互联网金融协会整理）

第二节　互联网证券的发展环境

一、数字化转型重要性凸显，业务线上线下融合加速

受新冠肺炎疫情影响，证券公司数字化治理与线上化经营能力的重要性凸显，投资者线上办理业务的需求增加。手机App等"非接触式"的线上化服务形式在新冠肺炎疫情防控期间有力保障了相关证券业务不中断，抵御了疫情带来的冲击。证监会于2020年启动了区域性股权市场区块链登记托管基础设施建设的试点工作，首批确定了北京、上海、江苏、浙江、深圳等5个试点地区，探索利用金融科技新技术建设新型金融基础设施，已取得阶段性成效。随着证券行业线上线下业务融合程度进一步加深、证券行业信

息化应用创新进程加速，如何结合金融科技与人工智能、大数据、区块链、云计算等技术，从销售渠道、业务功能、客户管理到平台升级的架构重塑及流程优化多方面推动证券行业数字化转型，深度挖掘数据价值、提高财富管理智能化水平，由此为投资者提供良好用户体验将成为证券从业机构需要关注的重点问题之一。

二、证券发行实行注册制，推动发挥市场作用

2020年3月，修订后的《中华人民共和国证券法》正式施行，新证券法规定在证券发行时采取注册制，不再采用核准制，要求分步实施股票公开发行注册制改革，并且首次公开发行股票应当"具有持续经营能力"，这为注册制在创业板、中小企业板、主板后续推广提供了法律依据，有利于吸引更多的资本进入股权投资市场，也为扶持真正有潜力、有前景而又缺乏金融支持的优秀企业提供了土壤。注册制的推行有利于中国资本市场发行、定价等环节走向市场化、激励创新精神和实现充分信息披露，通过完善信息披露规则体系，让投资者自主选择、自负盈亏，真正发挥市场的作用，同时监管的重心也将由事前实质审查转为事后的严格执法。

三、投资者保护制度日趋完善，监管规则更加细化

修订后的《中华人民共和国证券法》完善了投资者保护制度，包括进一步明确证券公司与投资者在投资者适当性方面的义务，证券公司具有充分了解投资者相关信息、充分揭示风险等义务，投资者具有配合提供信息的义务，未履行该义务双方均需承担相应责任；区分普通投资者和专业投资者，有针对性地作出投资者权益保护安排；新增上市公司股东权利代为行使征集制度；规定债券持有人会议和债券受托管理人制度；新增普通投资者与证券公司纠纷的强制调解制度；完善上市公司现金分红制度等。同时为适应证券发行注册制改革的需要，修订后的证券法探索了适应我国国情的证券民事诉讼制度，规定投资者保护机构可以作为诉讼代表人，按照"明示退出""默示加入"的诉讼原则，依法为受害投资者提起民事损害赔偿诉讼。修订后的证券法进一步完善了证券市场在消费者保护方面的基础制度，加强了对投资者合法权益的保护。

四、对外开放水平提高，取消证券公司外资股比限制

2020年9月，中国证监会、中国人民银行、国家外汇管理局发布《合格境外机构投资者和人民币合格境外机构投资者境内证券期货投资管理办法》（第176号令），将合格境外机构投资者（QFII）、人民币合格境外机构投资者（RQFII）资格和制度规则合二为一，放宽准入条件，简化申请文件，缩短审批时限，实施行政许可简易程序；新增允许QFII、RQFII投资全国中小企业股份转让系统挂牌证券、私募投资基金、金融期货、商品期货、期权等，允许参与债券回购、证券交易所融资融券、转融通证券出借交易；加强跨市场监管、跨境监管和穿透式监管，强化违规惩处，细化具体违规情形适用的监管措施等。在降低准入门槛、便利投资运作、扩大投资范围的同时，也加强持续监管，促进了我国资本市场双向开放。2020年以来，我国资本市场对外开放步伐进一步加快，证券基金期货机构外资股比限制提前全面放开，有利于中资券商参与国际市场竞争，借鉴国际一流机构在公司治理、合规经营、内部控制、风险管理和人才培养等方面的经验来改进服务水平，实现自身发展；同时加大资本市场对境外投资者的开放程度，也为境内证券公司在投行、研究、机构经纪、托管服务等业务领域带来新的发展机遇。

第三节　互联网证券的问题与挑战

一、业务模式转型压力依然存在

中国证券业协会发布的证券公司年度经营数据显示，2020年证券行业实现代理买卖证券业务净收入1 161.10亿元，全年行业平均佣金率约为0.326‰，较2019年的0.349‰降幅约6.59%，连年下降意味着以传统通道业务模式为主导的证券经纪业务利润空间不断被压缩，难以在利率市场化、佣金自由化、行业开放化的市场环境持续发展，业务模式需要加快转型。从发展趋势来看，如何借助大数据、云计算、人工智能等金融科技手段，赋能数字化财富管理生态，实现从单一的传统通道模式向客户全生命周期的财富管理模

式转型，已成为行业发展共识。

二、行业信息技术投入相对不足

近年来，信息技术发展为金融业和资本市场发展带来新机遇，证券行业高度重视科技创新的重要性，券商纷纷加大在信息技术领域的投入。中国证券业协会数据显示，2020年全行业信息技术投入金额262.87亿元，同比增长21.31%，占2019年度营业收入的7.47%。2017年至2020年证券行业累计投入达845亿元，为证券行业数字化转型奠定了基础。从上市券商2020年年报中披露的信息技术投入来看，华泰证券、国泰君安的信息技术投入超过10亿元，分别投入17.65亿元、12.67亿元，同比增长23.86%、13.43%，紧随其后的招商证券信息技术投入9.94亿元，同比增速高达52.22%。但是，银行机构和保险机构信息科技资金2020年总投入分别为2 078亿元和351亿元，同比增长20%和27%，我国证券行业科技投入相对不足。

三、对外开放持续加剧行业竞争

2020年4月起，证监会取消证券公司外资股比限制，这意味着外资券商涌入中国境内市场力度进一步加大。尽管这有利于境内券商参与国际市场竞争，比较借鉴国际一流机构经验，以此促进自身发展。但是，证券行业的竞争将进一步加剧，特别是在更加国际化的管理理念、运营模式、产品研发、风险管控等方面的冲击下，境内券商如何优化适合自身发展的经营模式，在对外开放的浪潮中抓住发展机遇，促进收入结构多元化、产品业务国际化、抗风险能力不断加强等方面都面临着一定挑战。

第四节　互联网证券的发展趋势与展望

一、借力新媒体东风，开拓流量获客新领域

随着各种社交媒体、内容平台的持续火热，视频、直播等新产业对互联网证券行业

产生了巨大影响。目前，市场上存在众多金融知识、投资经验相对匮乏的新投资者，各社交媒体、内容平台中投资相关内容关注度也持续居高不下。抖音、快手和B站等涌现了大量以"基金解读"和"投资管理"为主题的视频，此类新媒体成为互联网证券宣传"带货"新的渠道与阵地。此外，证券公司越发重视建立、运营自身的财富信息平台，通过自有平台与用户互动，增强用户黏性、提高业务转化，进一步发挥线上渠道协同优势。

二、持续技术创新，运用新技术赋能业务发展

目前仍有相当一部分证券公司在IT技术方面借助于第三方软件服务机构，导致交易平台、分析工具等系统新技术应用慢、更新周期长。目前已有越来越多的证券公司加速推进数字化转型，增强自主研发能力，加快系统更新和算法自主，在信息收集、智能分析、决策交易、跟踪反馈等方面持续发力，利用人工智能、区块链等"新动能"，为未来发展提供"新方略"。在客户服务方面，一是运用新技术不断提高交易体验，快速响应客户需求，保证交易执行效率、系统稳定性及数据准确性。二是进一步提高对用户需求的洞察力，不断提升用户体验，增加用户黏性，强化自身核心竞争力；在基础设施方面，运用云计算等技术稳妥推进系统架构向分布式方向转型，支撑金融瞬时高并发、大流量业务对计算资源的需求，为业务高效运转注入强劲动力，提升业务承载能力和交易流转效率；在终端拓展方面，随着5G、物联网的发展，除智能手机端之外，各种新终端百花齐放，如车机，智能音箱，智慧大屏等，用户对于信息接收及交易决策制定的途径也随之多样化。证券公司可提前布局，抢占新终端。

三、产品日益多元化，财富管理与跨境业务成新增长点

随着我国证券业务互联网化进一步加深，互联网证券产品日益多元化，未来业务链条将进一步延长，C端与B端协同发展，通过丰富金融产品种类与优化业务组合从而提升盈利能力；此外，受益于我国资本市场对外开放水平日益提高、投资者全球资产配置需求高涨，财富管理与跨境业务将成为越来越多互联网证券企业的全新增长点。互联网证券企业可在此领域提前发力，发掘新的收入增长点，降低自身营收对单一业务的高依赖性。

专题

- 我国上市金融机构金融科技应用情况
- 移动金融客户端应用软件行业安全分析报告
- 网上银行服务企业标准"领跑者"评估情况
- 银行函证数字化业务研究报告
- 运用新技术促进数据要素融合发展
- 非自然人网络商户反洗钱风控实践

专题1　我国上市金融机构金融科技应用情况

当前，金融科技已成为金融机构提升自身竞争力和服务人民生活的重要手段。为全面了解我国金融机构金融科技应用情况，本专题以94家A股银证保类上市金融机构（银行类38家、证券类49家、保险类7家）为例，对其2020年年报中披露[①]的金融科技组织机制和主要技术应用情况进行了梳理分析，并就技术应用相关情况与2019年进行了对比，据此针对性提出若干政策建议。

一、金融科技组织机制建设情况

一是金融科技发展规划更加明确。在包容的政策环境下，一些上市金融机构积极顺应金融科技发展趋势和数字化转型浪潮，充分重视金融科技发展和创新应用，在智慧银行、开放银行、架构转型、数据治理、客户体验等方面制定了明确的金融科技发展规划和目标。

表专1-1　部分上市金融机构2020年年报披露的金融科技规划情况

机构名称	金融科技发展规划情况
工商银行	战略内涵坚持科技驱动、价值创造：以金融科技赋能经营管理，为实体经济、股东、客户、员工和社会创造卓越价值。
建设银行	大力推进金融科技战略实施，全面展开技术中台建设，不断夯实技术创新基础。深入推进智慧金融建设，打造融合C端场景的新零售格局，构建产融结合的新对公生态，推进智慧渠道及智能运营能力建设。

---

① 需要特别说明的是，受年报篇幅、宣传侧重点等限制，各家上市金融机构披露的金融科技相关情况与实际情况可能存在一定差异，但不影响总体趋势判断。

续表

机构名称	金融科技发展规划情况
农业银行	制定了信息科技近期发展规划（2020—2021年），提出通过"七大技术、五大支柱、六大中台、两大保障"具体推进本行信息科技"iABC"战略，建设智能化的（intelligent）、以用户为中心的（i）、资源和能力整合的（integrated）、金融科技为助推力的（impetus）农业银行（ABC）。
浦发银行	组织开展金融科技创新专项调研，要求全力以赴落实"三年行动计划"，加快推进数字化转型，引领数字化服务模式创新。
招商银行	加快推进金融科技战略，推进金融科技本体质变，赋能零售金融3.0数字化转型，助力产业互联网模式升级。
南京银行	制定"鑫五年"金融科技规划，树立以下战略目标：数字化转型推动智慧银行打造、开放银行助力生态圈建设、前中后台助推系统架构高效运转、敏捷转型与创新机制驱动经营管理升级。
杭州银行	编制金融科技专项规划，加强信息安全与数据治理，加快推进重点项目开发，促进科技赋能。
渝农商行	继续坚持科技创新驱动发展，把金融科技作为创新引擎和增长动力，建设一批同业领先的智慧银行、移动金融平台，构建智能化、数字化、平台化的生态金融，打造金融科技核心竞争力和"最佳客户体验"。
天风证券	注重信息化与数字化建设，加大金融科技投入，将金融科技基因融入公司业务发展与管理流程。
中国人寿	持续深化科技创新引领，全面提速数字化转型，为客户提供"简捷、品质、温暖"的服务。

数据来源：中国互联网金融协会整理。

二是金融科技组织体系不断优化。为落实金融科技发展规划和适应数字化时代要求，部分上市金融机构通过合作或自建的方式积极成立金融科技委员会、子公司、创新实验室、联合研发中心等创新组织，并通过人才引培、创新孵化、内部轮岗等方式探索建立与金融科技创新发展相适应的敏捷组织和激励机制。

表专1-2　部分上市金融机构2020年年报披露的金融科技组织机制建设情况

机构名称	金融科技组织体系建设情况
工商银行	深化"一部、三中心、一公司、一研究院"金融科技布局，推进专业化金融科技队伍建设，打造"懂业务、通技术"的复合型金融科技人才队伍。
建设银行	开创"建行大学国际在线讲堂"，联合哈佛商学院企业学习开展首期"数字化人才线上训练营"。
交通银行	设立金融科技与产品创新委员会，成立交银金融科技有限公司，"两部、三中心、一公司、一研究院、一办"的组织架构逐渐形成，实施金融科技万人计划、FinTech管培生、存量人才赋能转型三大工程。
光大银行	成立光大数字金融学院，推动人才培育、项目孵化及创新生态构建。
北京银行	探索形成"1+3+1"的高效协同科技治理格局，进一步凝聚起全行数字化转型的合力，加快科技研发、数字金融、数据管理、行业研究、风险管理、投资交易等中高端金融专业人才引进。

续表

机构名称	金融科技组织体系建设情况
渝农商行	完善金融科技创新机制，以"一会一中心一部一实验室"管理模式，形成"渠道+业务+数据+科技+合作"全面发展的人才梯队。
中国平安	全资控股平安金融科技公司，持股金融壹账通，设立平安金融管理学院，持续打造精品资源课程体系，大力发展线上学习，通过绩效推课、智能推课、主管推课等实现"千人千面"，精准赋能人才识别和发展需求。

数据来源：中国互联网金融协会整理。

三是金融科技相关投入渐受重视。银保监会数据显示，2020年银行和保险机构信息科技资金总投入分别为2 078亿元和351亿元，同比分别增长20%和27%。年报分析显示，上市金融机构普遍比较重视金融科技相关人员和资金投入，以"金融科技""信息科技""信息技术""科技""技术""研发"等口径在年报中披露了金融科技相关人员和资金投入情况。以38家A股银行类上市金融机构为例，分别有24家和18家银行在2020年年报中披露了金融科技相关人员和资金投入情况，15家机构金融科技相关人员数量占总员工数量的比例在5%以下，6家机构金融科技相关人员数量占总员工数量的比例在5%~10%，3家机构金融科技相关人员数量占总员工数量的比例在10%以上；9家机构金融科技相关资金投入占营业收入的比例在3%以下，9家机构金融科技相关资金投入占营业收入的比例在3%~5%。

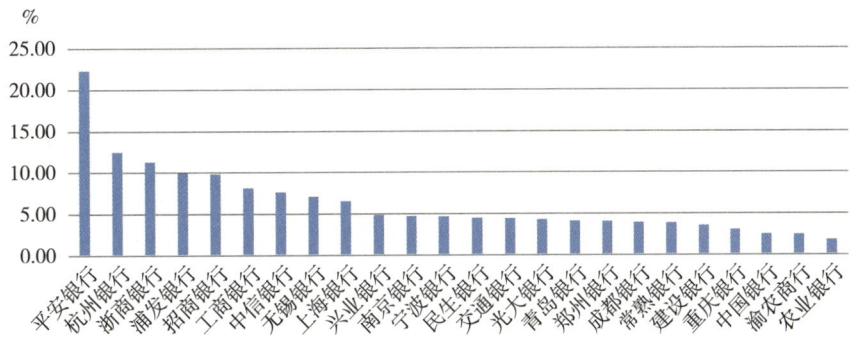

注：工商银行、建设银行、农业银行、交通银行、中信银行、光大银行、兴业银行、成都银行、重庆银行9家银行在年报中以"金融科技""信息科技""科技"等口径直接披露了金融科技相关人员占比数据，其他银行金融科技相关人员占比数据通过年报中披露的"金融科技""信息科技""信息技术""科技""技术""研发"等人员数量占总员工人数计算得出。其中，平安银行和浙商银行年报中披露的金融科技相关人员包含外包人员等非正式员工。

图专1-1 银行类上市金融机构2020年年报披露的金融科技相关人员占比情况

（数据来源：中国互联网金融协会整理）

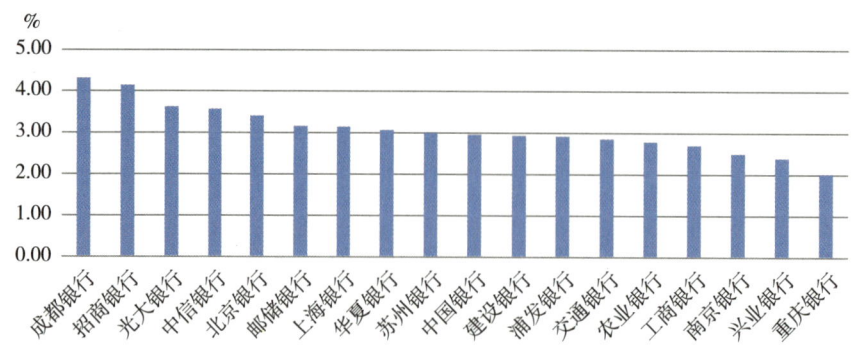

注：建设银行、交通银行、邮储银行、中信银行、兴业银行、北京银行、上海银行、南京银行、苏州银行9家银行在年报中以"金融科技""信息科技""科技"等口径直接披露了金融科技相关资金投入占营业收入比例数据，其中，苏州银行披露的资金投入占比是不低于营业收入的3%，为便于比较分析，按3%处理，其他银行金融科技相关资金投入占比数据通过年报中披露的"金融科技""信息科技""信息技术""科技""技术""研发"等资金投入占营业收入计算得出。

图专1-2　银行类上市金融机构2020年年报披露的金融科技相关资金投入占比情况

（数据来源：中国互联网金融协会整理）

二、金融科技应用情况

（一）总体应用情况

从技术情况看，大数据、人工智能、云计算在上市金融机构中应用相对较为广泛，区块链应用正加速推进。根据2020年年报披露情况，分别有71.28%、69.15%、42.55%的上市金融机构应用了大数据、人工智能、云计算，35.11%的上市金融机构应用了区块链；应用机器人流程自动化（RPA）、生物识别、第五代移动通信（5G）、知识图谱、机器学习、物联网技术的上市金融机构分别占25.53%、23.40%、18.09%、15.96%、15.96%、14.89%；应用程序编程接口（API）、光学字符识别（OCR）、增强现实（AR）/虚拟现实（VR）等技术也有所探索应用，但应用规模总体相对较小。

从机构类型看，银行类上市金融机构是新兴技术应用的"主战场"。银行类上市金融机构应用各项技术的比例均高于证券类和保险类上市金融机构，且大数据（94.87%）、人工智能（89.74%）、区块链（69.23%）、云计算（66.67%）应用相对较为普遍；证券类上市金融机构应用大数据（55.10%）、人工智能（53.06%）相对较为普遍；保险类上市金融机构应用人工智能（71.43%）、大数据（57.14%）和云计算（42.86%）相对较为普遍。

专题1 我国上市金融机构金融科技应用情况

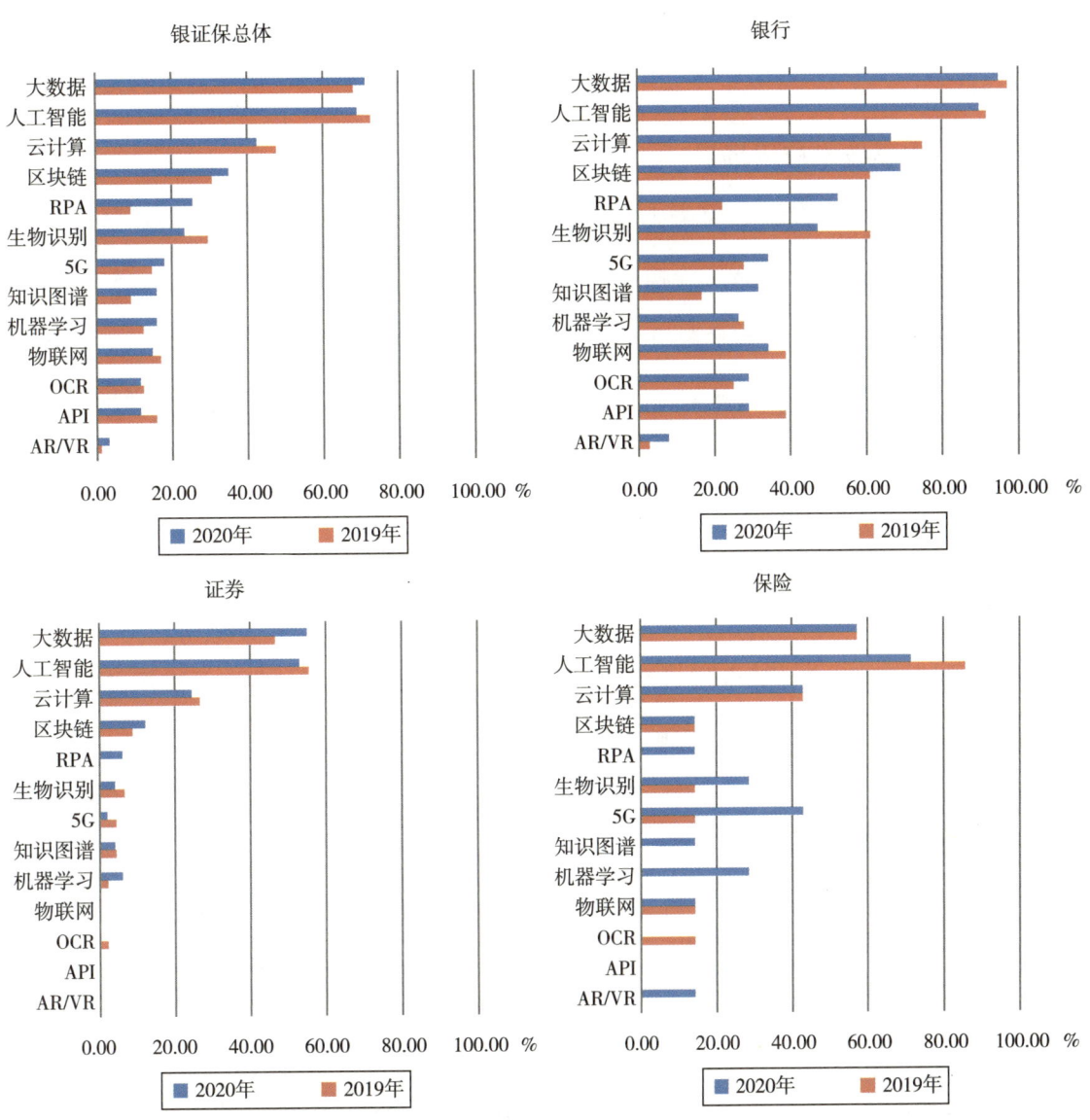

图专1-3 2019—2020年上市金融机构年报披露的金融科技应用情况对比

（数据来源：中国互联网金融协会整理）

从变化情况看，大数据、人工智能、云计算等技术应用相对较为稳定，RPA、知识图谱、5G等技术应用增长较快。2020年应用大数据、人工智能、云计算等技术的上市金融机构占比与2019年相差不大，区块链应用占比由2019年的30.68%上升至2020年的35.11%。RPA、知识图谱应用分别由2019年的9.09%、9.09%增长至2020年的25.53%、15.96%。银行类上市金融机构RPA、知识图谱、5G应用增长相对较快，分别由2019年的22.22%、16.67%、27.78%增长至2020年的52.63%、31.58%、34.21%；证券类上市金融机构大数据应用由2019年的46.67%上升至2020年的55.10%，其余技术应用占比变动较小；

保险类上市金融机构由于数量较少，技术应用比例波动较大，5G、生物识别、机器学习增长相对较快。

（二）主要技术应用场景

大数据。大数据在银证保类上市金融机构的应用已初具规模，应用场景相对较为丰富且相对稳定，主要为风险控制（45.74%）、运营管理（37.23%）、营销获客（24.47%）等。银行类上市金融机构主要将大数据应用在风险控制（86.84%）、运营管理（60.53%）、营销获客（42.11%）、信用评估（42.11%）等场景。证券类上市金融机构主要将大数据应用在运营管理（22.45%）等场景，但应用规模总体相对较小。保险类上市金融机构主要将大数据应用在风险控制（57.14%）、运营管理（37.23%）等场景。

表专1-3　2020年上市金融机构年报披露的大数据在同类机构中主要应用占比

项目	风险控制	运营管理	营销获客	信用评估	反欺诈	反洗钱
银行	86.84%	60.53%	42.11%	42.11%	23.68%	18.42%
证券	12.24%	22.45%	10.20%	4.08%	2.04%	—
保险	57.14%	14.29%	28.57%	—	14.29%	14.29%
总体	45.74%	37.23%	24.47%	—	11.70%	—

注："—"代表年报中未披露该技术的相关应用场景，下同。
数据来源：中国互联网金融协会整理。

人工智能。人工智能应用场景相对较为丰富，银证保类上市金融机构主要将其应用在智能客服（34.04%）、智能风控（34.04%）、智能营销（28.72%）等场景。银行类和保险类上市金融机构在智能风控、智能客服场景应用人工智能技术相对较为普遍。证券类上市金融机构主要将人工智能技术应用在智能投顾（24.49%）和智能投研（12.24%）场景。在人工智能的具体细分技术中，RPA主要应用于人工重复操作较多的业务场景，通过模拟人工执行重复工作任务；生物识别主要在客户身份认证等领域有所探索应用；知识图谱通过建立客户画像、分析交易行为等方式，在精准营销、反欺诈等场景已有所应用；机器学习通过使用算法规则，在客户服务、风险防控和反欺诈等场景已有所应用；OCR主要应用于金融业务中票据、资料、档案等的录入和处理。

表专1-4 2020年上市金融机构年报披露的人工智能在同类机构中主要应用占比

项目	智能客服	智能风控	智能营销	智能投顾	智能运维	智能投研	智能理赔
银行	65.79%	65.79%	50.00%	28.95%	7.89%	5.26%	—
证券	10.20%	10.20%	8.16%	24.49%	4.08%	12.24%	—
保险	28.57%	28.57%	57.14%	—	—	—	42.86%
总体	34.04%	34.04%	28.72%	—	—	—	—

数据来源：中国互联网金融协会整理。

云计算。云计算正成为部分上市金融机构IT基础设施部署的主流选择。银行类上市金融机构在个人借贷（15.79%）、小微金融（15.79%）、支付结算（7.89%）、财富管理（7.89%）、供应链金融（5.26%）、信用卡管理（5.26%）等场景已开展云计算部署应用。证券类上市金融机构仅在信息安全（2.04%）场景披露了云计算应用。保险类上市金融机构虽然已披露应用了云计算，但未披露具体应用场景。

区块链。区块链在上市金融机构的应用尚处于初步阶段，在贸易金融、供应链金融、支付及清结算等场景的应用逐渐深化。银行类上市金融机构主要将区块链应用在贸易融资（39.47%）、供应链金融（21.05%）、支付及清结算（10.53%）场景，应用比例较2019年分别增长17.25%、9.94%、7.75%，部分银行类上市金融机构还探索将区块链应用在跨境金融（18.42%）、小微金融（2.63%）、消费借贷（2.63%）、发票服务（2.63%）等场景。证券类和保险类上市金融机构虽然已披露应用了区块链，但未披露具体应用场景。

三、政策建议

一是探索建立金融科技创新应用自声明机制。当前，我国上市金融机构金融科技信息披露已有较好基础，但仍存在标准不统一、概念不一致等问题。建议探索建立上市金融机构金融科技创新应用自声明机制，按照《金融科技发展指标》（JR/T 0201—2020）等文件要求，进一步完善金融科技信息披露标准，通过年报、网站等载体，对金融科技相关投入、新兴技术开发方和合作方以及技术版本、应用场景等相关信息进行披露，为金融科技统计监测和公共监督提供必要支撑。

二是继续深化金融科技创新监管工具作用。上市金融机构金融科技创新活跃度较高、应用范围较广，为更好平衡创新与风险监管，建议进一步扩大金融科技创新监管工具的覆盖范围，将养老金融、普惠金融、绿色金融等领域更多符合国家政策方向的金融科技创新活动纳入测试范围，为有价值的金融科技创新活动提供充足发展空间。

三是持续完善金融科技标准规则体系。建议按照"国家标准管底线、行业标准管门槛、团体和企业标准突出创新"的思路，针对不同技术、应用场景和应用深度，分类分级推进标准建设工作。对于应用较为成熟、范围较广的技术，建议以金融消费者保护和金融科技风险防控为重点，加快推进行业标准研制，对于一些行业通用型标准，可适时上升为国家标准，并通过行业协会、产业联盟的团体标准对技术安全、功能和性能设定更高的鼓励性、创新性、引导性要求。对于尚处于应用初期的新兴技术，可考虑围绕技术应用安全、个人金融信息保护、基本架构等开展行业标准研制，尽快明确金融科技创新应用的底线型要求。

专题2 移动金融客户端应用软件行业安全分析报告

近年来，移动金融客户端应用软件（移动金融App）应用日益广泛，相伴生的资金安全、个人信息安全、技术安全和管理安全等方面的问题引起各方高度关注。2019年10月，中国人民银行发布了《关于发布金融行业标准 加强移动金融客户端应用软件安全管理的通知》（银发〔2019〕237号），要求各金融机构提升客户端软件的安全防护能力，加强个人金融信息保护，提高风险监测能力，健全投诉处理机制等，并赋予了中国互联网金融协会开展移动金融客户端应用软件备案、强化行业自律管理等多项任务要求。

一年多来，移动金融客户端应用软件自律管理工作成效显著，《移动金融客户端应用软件备案管理办法》《移动金融客户端应用软件安全检测规范》等制度规范相继出台完善，备案App进行了有效整改，安全和信息保护问题明显改善。

本报告介绍了移动金融客户端应用软件行业现状和备案工作情况，梳理了行业存在的问题并提出建议，最后对移动金融客户端应用软件行业发展趋势进行了展望。

第一节 移动金融客户端应用软件发展现状

一、监管部门多措并举引导行业规范健康发展

在移动互联网时代，移动金融正以前所未有的速度改变着人们的工作和生活方式，成为连接客户的主要渠道和入口。移动金融客户端应用软件涉众性强，新型业态多元多

变，风险因素复杂交叉，虚假仿冒和钓鱼诈骗等问题严重威胁客户端应用安全和金融消费者权益，亟须建立监管和风险防范长效机制。

自党的十八大以来，以习近平同志为核心的党中央高度重视网络安全。习近平总书记指出，"没有网络安全就没有国家安全"（2014年2月27日《在中央网络安全和信息化领导小组第一次会议上的讲话》），将网络安全的重要性提升至国家战略层面。

2019年1月，中央网信办、工业和信息化部、公安部、市场监管总局四部门联合发布《关于开展App违法违规收集使用个人信息专项治理的公告》，在全国范围内组织开展App违法违规收集使用个人信息专项治理行动。2019年12月，国家互联网信息办公室秘书局、工业和信息化部办公厅、公安部办公厅、国家市场监督管理总局办公厅四部门联合印发《App违法违规收集使用个人信息行为认定方法》（国信办秘字〔2019〕191号），为监督管理部门认定App违法违规收集使用个人信息行为提供参考，为App运营者自查自纠和网民社会监督提供指引。2020年9月，全国信息安全标准化技术委员会先后发布《移动互联网应用程序（App）系统权限申请使用指南》（TC260-PG-20204A）、《移动互联网应用程序（App）个人信息保护常见问题及处置指南》（TC260-PG-20203A）等一系列网络安全标准实践指南，进一步帮助App提供者规范系统权限申请和使用行为，采取相应措施持续提升App个人信息保护水平。

聚焦在移动金融领域，中国人民银行进一步拓展了安全保护范围，对金融App行业管理安全、技术安全和个人信息保护进行更有针对性的规范。2019年10月，中国人民银行发布了《关于发布金融行业标准 加强移动金融客户端应用软件安全管理的通知》（银发〔2019〕237号），并随通知发布了《移动金融客户端应用软件安全管理规范》（JR/T 0092—2019），要求各金融机构提升客户端软件的安全防护能力，加强个人金融信息保护，提高风险监测能力，健全投诉处理机制等。2020年2月，中国人民银行发布了《个人金融信息保护技术规范》（JR/T 0171—2020），要求与个人金融信息相关的客户端应用软件及应用软件开发工具包（SDK）应符合《移动金融客户端应用软件安全管理规范》（JR/T 0092—2019）、《网上银行系统信息安全通用规范》（JR/T 0068—2020）客户端应用软件有关安全技术要求，并在上线前进行安全评估。2020年4月，中国人民银行办公厅发布了《关于开展金融科技应用风险专项摸排工作的通知》（银办发〔2020〕45

号），要求各地人民银行分支机构及相关监管机构依据相关法律制度、标准规范开展专项摸排工作，移动金融客户端应用软件成为主要摸排对象之一。

二、中国互联网金融协会积极开展自律备案工作

2017年5月，中国互联网金融协会在相关监管部门的指导下成立了移动金融专业委员会，在加强移动金融领域交流合作、提升移动金融发展水平与研究质量、推进普惠金融的实施等方面重点发力，先后形成了《移动金融App安全及认证机制研究报告》《移动金融App产品生命周期安全管理指引》等多项研究成果，并积极参与监管部门移动金融领域关键技术研究、平台建设、标准规则的编制以及安全机制建设。

2019年7月，中国互联网金融协会组织第三方检测机构对6种行业类型共计20家会员单位提供的移动金融App进行随机抽检，发现部分App存在核心源码泄露、界面易被劫持、数据安全等相关风险。因此，中国互联网金融协会向会员机构发函，要求会员机构进一步重视并加强移动金融App生命周期安全管理，进行严格内部测试或第三方测试，遵循相应的管理和控制程序，合理获取权限、注重个人信息保护等具体要求。

2019年10月，中国人民银行印发《关于发布金融行业标准 加强移动金融客户端应用软件安全管理的通知》（银发〔2019〕237号），提出由中国互联网金融协会开展移动金融客户端应用软件备案、强化行业自律管理等。中国互联网金融协会在相关监管部门的指导下，经过反复研究、讨论、规划和探索，最终确定了以实名备案为突破口，不断建立和完善移动金融App自律监管体系的工作思路。

第二节　移动金融客户端应用软件备案工作情况

一、备案工作开展情况

为落实《中华人民共和国网络安全法》要求，加强移动金融客户端应用软件的安全管理，根据中国人民银行印发的《关于发布金融行业标准　加强移动金融客户端应用软

件安全管理的通知》（银发〔2019〕237号），中国互联网金融协会于2019年12月启动了客户端软件实名备案工作。

备案工作启动以来，金融从业机构积极通过移动金融客户端应用软件备案管理系统（https://finapp.nifa.org.cn）向中国互联网金融协会登记了相关备案信息。依据中国人民银行发布的《移动金融客户端应用软件安全管理规范》（JR/T 0092—2019），中国互联网金融协会结合相关检测机构出具的测评结果，经对资质、证照、制度等综合审核，依托备案管理系统实现了备案申报、资料审核、检测认证工作全流程线上办理。备案系统还将金融监管机构、金融机构、检测认证机构、中国互联网金融协会等多角色纳入系统设计，提供"一站式"全流程服务，切实落实"让数据多跑路、群众少跑腿"，方便金融机构进行备案工作。

此外，在人民银行科技司和各分支机构科技部门的大力支持下，中国互联网金融协会与多家人民银行分支机构协作发布文件明确备案要求，有效地推动了相关地区备案工作的开展。

截至2020年底，共有3 932家机构在备案系统注册并登记了2 032个App信息。中国互联网金融协会已发布371款备案App。机构业态覆盖银行业、证券业、保险业、非银行支付机构等。其中银行业机构（含农村商业银行）数量最多，为3 682家，占注册总数的93.64%，具体如图专2-1所示。

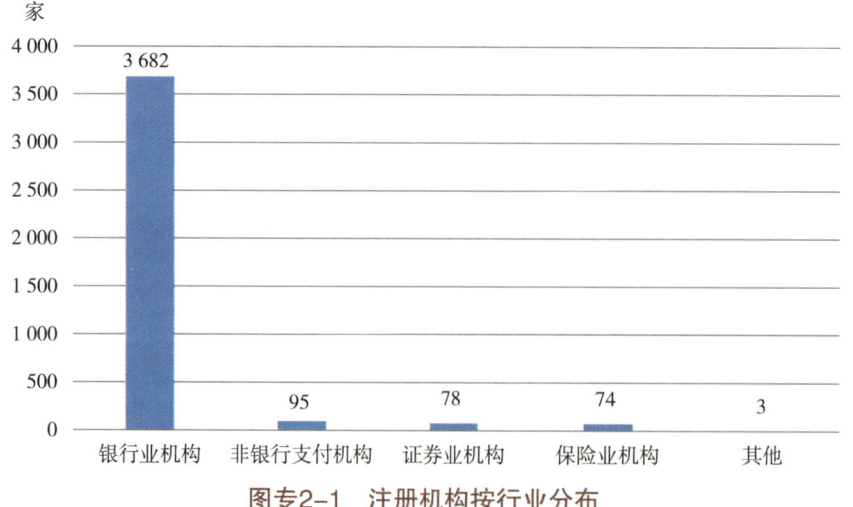

图专2-1　注册机构按行业分布

（数据来源：中国互联网金融协会整理）

按区域分布来看，除香港、澳门、台湾外，注册机构实现省份全覆盖，其中山东、河南、河北、广东、浙江注册机构数量位居前五，具体数据如图专2-2所示。

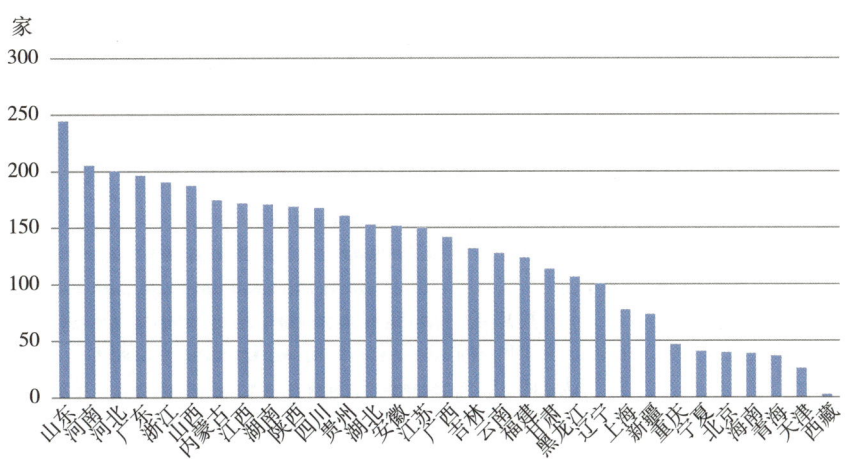

图专2-2　注册机构按区域分布

（数据来源：中国互联网金融协会整理）

依托备案信息，中国互联网金融协会积极拓展风险监控方法和渠道，形成机构客户端软件的风险监测报告，对于行业普遍存在的安全隐患，通过风险提示的方式及时告知金融机构；加快落实风险信息共享机制，实现相关信息的线上流转和共享，为金融机构及时发现、快速处置风险提供线索支持。

此外，为方便金融消费者下载使用已备案的可信客户端软件，提供更为丰富的增值服务功能，加强正面舆论宣传，鼓励并引导金融机构落实备案要求，完善备案客户端软件的社会监督机制，中国互联网金融协会建设移动金融App可信服务平台（https://mftp.nifa.org.cn），开放备案状态和备案证书查询接口。

后续，中国互联网金融协会将按照《关于发布金融行业标准　加强移动金融客户端应用软件安全管理的通知》要求，持续做好移动金融App相关自律管理工作，督促引导各金融从业机构严格落实法律规定和监管要求，为金融消费者提供安全、便捷、满意的移动金融产品及服务。

二、备案工作助力提升移动金融App整体安全水平

自备案工作启动以来至2020年12月31日，依据《移动金融客户端应用软件安全管理

规范》(JR/T 0092—2019)、《个人金融信息保护技术规范》(JR/T 0171—2020)、《App违法违规收集使用个人信息行为认定方法》(国信办秘字〔2019〕191号)、《条码支付移动客户端软件检测规范》(T/PCAC 0006—2019)和《中国金融移动支付 检测规范 第3部分：客户端软件》(JR/T 0098.3—2012)，对408家机构的1 401款移动金融App进行了检测，初检发现各类问题19 827个，常见问题如图专2-3所示。

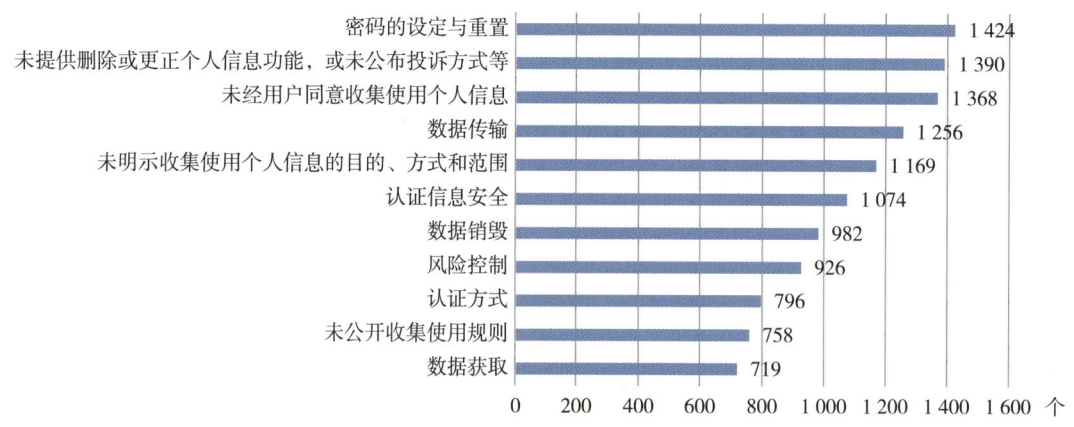

图专2-3 移动金融App常见问题统计

(数据来源：中国互联网金融协会整理)

据统计，94%的移动金融App在备案过程中进行了安全修复，平均修复漏洞和隐患7.6个；93%的移动金融App完善了对个人信息的收集和使用规范，优化5项以上的占比达46%。

同时，金融消费者维权意识有所提升，开始关注过度索要权限、隐私政策提示不清晰等问题。在中国互联网金融协会开展的面向移动金融App用户的问卷调查中，用户对移动金融App申请通信录及通话记录(82.51%)、摄像头(56.35%)、位置(53.49%)权限或信息比较在意；对个人信息保护主要关注收集使用个人信息的目的范围及用途(78.47%)、是否会向第三方提供或转让个人信息(72.08%)、个人信息收集后的存储期限和安全保障措施(61.98%)、是否可以删除注销或撤回个人信息(52.48%)；采取只填写尽可能少的个人信息(61.23%)、拒绝软件访问权限(50.29%)、关闭个性化服务(如根据定位信息提供周边服务)(41.13%)等方式保护个人信息安全。63.16%的受访用户认为在有关部门的治理下，移动金融App安全问题得到重视，安全状况有所好转。

第三节 移动金融客户端应用软件存在问题与建议

一、存在问题

开发运营单位安全技术手段和合规意识有待加强。根据备案工作中移动金融App检测情况来看，存在的问题主要有两类：一是安全技术手段存在缺陷和漏洞，未对App进行安全加固；二是落实合规要求方面存在不足，存在强制超范围索要权限、过度收集敏感信息、更正注销投诉举报渠道不畅等问题。

第三方SDK有待规范。为了提升效率、降低成本，业内机构在App开发过程中往往会嵌入第三方 SDK。但是，第三方SDK常存在安全漏洞、恶意程序、信息泄露等安全问题，导致App存在安全隐患。

移动金融App上架审核机制及标准有待规范。根据现有法律法规等相关要求，应用商店对其上架的 App应建立审核机制。但由于应用商店之间存在竞争，同时目前也缺乏相应的App上架审核标准，应用商店对App的审核尺度不一，导致无法保证上架的App达到一定的安全水平。

App仿冒钓鱼现象仍然严重。假冒山寨、盗版侵权、钓鱼诈骗、加壳打包、恶意扣费等App在市场中仍然存在，分布在部分国内外应用商店、网盘云盘、文件下载站、分发平台、假冒应用商城网站上，通过诱导用户点击短链接、扫描二维码下载，威胁用户隐私和财产安全。

用户安全意识和维权意识有待提高。部分用户缺乏安全意识，未主动采取安全防护，或存在不安全的使用习惯，带来信息泄露甚至资金损失等安全隐患。此外，虽然监管部门提供了多种受理App相关投诉举报的渠道，但未能广泛宣传、触达用户，在调查中仍有近半数用户表示对维权渠道及方式缺乏了解。

部分金融机构版权保护意识薄弱。移动金融App作为金融机构的重要资产，其开发投入大而复制成本低，被侵权风险高。部分金融机构采购第三方App产品，有使用权而无所有权，存在运营风险。

二、相关建议

开发运营单位应主动提高安全技术水平和合规意识。一是增加安全方面的管理、技术、资金、人员等的投入，加强对嵌入使用的第三方SDK的安全检测，及时修补安全漏洞，推动安全升级。二是严格履行法律法规规定的责任义务，同时依照相关标准，明确App实际业务所需最小必要的权限和个人信息范围。三是提高版权保护意识，及时对移动金融App进行版权登记，对于使用第三方App产品的情况及时取得授权。

进一步丰富完善相关标准规范，并加强标准规范的宣贯工作。加快研究制定SDK安全、上架审核等相关的标准和指南，同时可进一步制定对共性、难点问题的评估认定及整改建议等更具体和细化的技术文件，给机构以指导。

强化App筛查，避免问题App被推向市场。可探索应用商店与中国互联网金融协会的可信服务平台等的联动机制，在App上线、更新等阶段监测App是否存在风险，防止问题App被推向市场，保障用户权益。

提示用户做好安全防护，重视个人信息保护。一是应从正规渠道下载App并及时更新升级；二是提高安全意识，设置强密码并定期更换，谨慎使用弱验证的功能；三是提高自身隐私保护意识，认真阅读App隐私政策和权限提醒，谨慎开启易造成个人敏感信息泄露的权限。

第四节　移动金融客户端应用软件发展展望

App监管横向整体监管和垂直细分监管互为补充。App作为向用户提供信息服务的应用软件，纳入网信办、工信部、公安部、市场监管总局等部门的整体监管，同时因各细分行业有其不同于其他行业的特点，相关行业主管部门也制定了针对具体特定行业的App管理规范性文件。两种监管各有所长、互为补充。

App安全关注范围将进一步扩展。App安全不是孤立的，而是系统化、体系化的命题，还涉及移动设备生产商、第三方（第三方SDK、API、小程序）开发者等主体。其中移动设备生产商的操作系统是影响App安全的关键底层软件，而在App中广泛使用的第三方软件也是影响App安全的重要部分，App安全作为一个整体，需要这些主体参与App安全治理。

无障碍App的需求将受到关注。老人、残障人士等特定群体在数字时代声音微弱，但其绝对数值庞大，并随着老龄化程度的加深将进一步增长。App开发运营机构在满足了主流人群的使用需求之后，将进一步关注无障碍App需求，从而帮助此类群体更好地享受到移动时代的便利。在中国互联网金融协会开展的面向移动金融App用户的问卷调查中，76.79%的用户认为保障特殊人群能够无障碍地使用移动金融App非常必要。

App与小程序共同发展、互相补充。App功能丰富，并且因为涉及用户的资金安全和金融信息安全，相关金融机构都投入大量资源确保安全性。小程序使用简单快捷，便于吸引用户，但涉及资金交易和信息采集的小程序的安全性还存在不确定性，并且如果依托其他平台开发小程序，存在边界不清、责任划分困难的情况。

专题3　网上银行服务企业标准"领跑者"评估情况

标准是经济发展和社会进步的重要支撑，也是国家治理体系和治理能力现代化的重要基础性制度。企业标准作为标准体系的重要组成部分，其自我声明公开和监督制度在2017年新修订的《标准化法》中以国家法律的形式正式确立。在此基础上，市场监督管理总局等八部门联合印发《关于实施企业标准"领跑者"制度的意见》，旨在通过高水平标准引领，增加中高端产品和服务有效供给，支撑高质量发展。中国互联网金融协会作为网上银行服务企业标准"领跑者"（以下简称网银领跑者活动）第三方评估机构，以此次活动为契机，积极推进银行业金融机构制定网上银行服务企业标准并实现自我声明公开。

一、网上银行服务企业标准"领跑者"评估总体情况

（一）参评机构数量增加，评估要求提高

2020年，网银领跑者活动参评机构921家，较上年增加149家，选取综合评分前60位作为榜单机构，占全部参评机构的6.51%；从榜单机构按一定比例评选出领跑者机构，2020年评选出领跑者机构32家，占全部参评机构的3.47%。

2020年评估要求较2019年更加严格：一是评估方案增加了新要求。评估方案在2019年的基础上增加了对新发布标准《个人金融信息保护技术规范》（JR/T 0171—2020）的具体引用和转化要求，具体量化指标的评估要求提高，如"App闪退率""线上客服响应时间"等。二是一致性核验的要求提高。2020年的一致性核验工作综合参考了移动金融App备案进展、网银是否存在侵害用户权益行为以及是否开展检测认证等相关情况。三是对参评机构行政处罚记录的审核更加严格。

（二）农商行和农信社等小型金融机构参评较多

2020年，国有大型商业银行、股份制银行和城商行的参评数量及占比分别为6家（0.65%）、10家（1.09%）和90家（9.77%）。与上年相比，国有大型商业银行增加2家，股份制银行持平，城商行增加4家；农商行及农信社、村镇银行和民营银行的参评数量及占比分别为398家（43.21%）、407家（44.19%）和10家（1.09%），与上年相比，农商行及农信社、村镇银行的参评数量分别增加60家和83家，民营银行的参评数量持平（见图专3-1）。

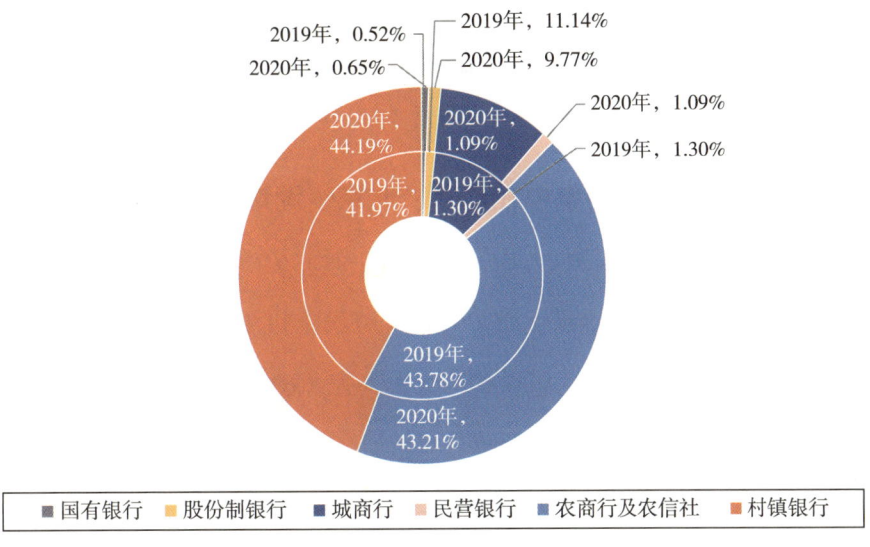

图专3-1 参评机构类型及分布情况

（数据来源：中国互联网金融协会整理）

（三）逾七成的参评机构集中在河北、湖南和山西等6个地区

2020年，河北、湖南、山西、江苏、辽宁和河南6个地区的参评数量及占比分别为216家（23.45%）、175家（19.00%）、93家（10.10%）、79家（8.58%）、53家（5.75%）和41家（4.45%），6个地区机构合计为657家（71.33%）（见图专3-2）。

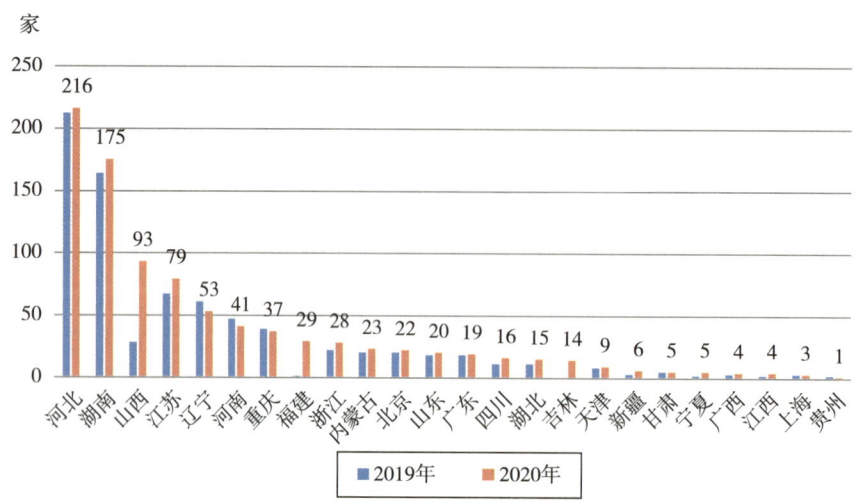

图专3-2 参评机构地区分布情况

（数据来源：中国互联网金融协会整理）

（四）逾六成的榜单机构集中在广东、北京、湖南6个地区

2020年，广东、北京、湖南、江苏、重庆、河北6个地区进入榜单的机构数量及占比分别为10家（16.67%）、9家（15.00%）、7家（11.67%）、5家（8.33%）、4家（6.66%）和3家（5.00%），6个地区机构合计为38家（63.33%）（见图专3-3）。

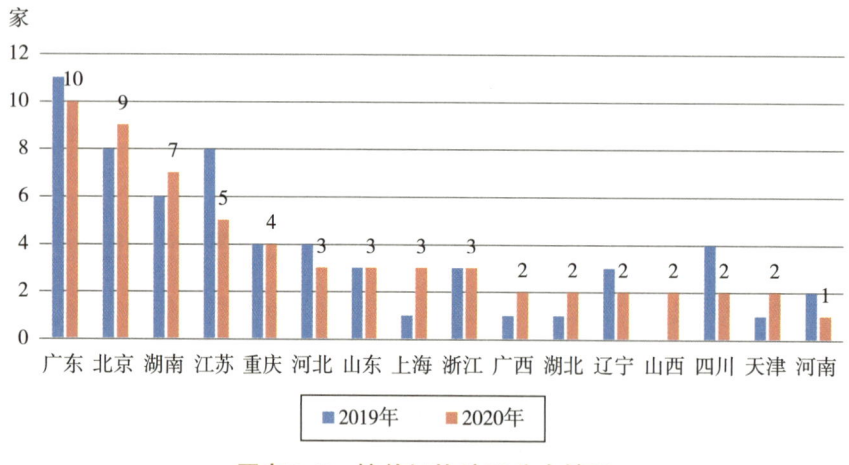

图专3-3 榜单机构地区分布情况

（数据来源：中国互联网金融协会整理）

2020年，领跑者机构共32家，其中，广东、北京、江苏、上海、重庆和辽宁6个地区分别为7家、6家、4家、3家、3家和2家，以上6个地区领跑者机构数量及占比合计为25家（78.13%）（见图专3-4）。

专题3　网上银行服务企业标准"领跑者"评估情况

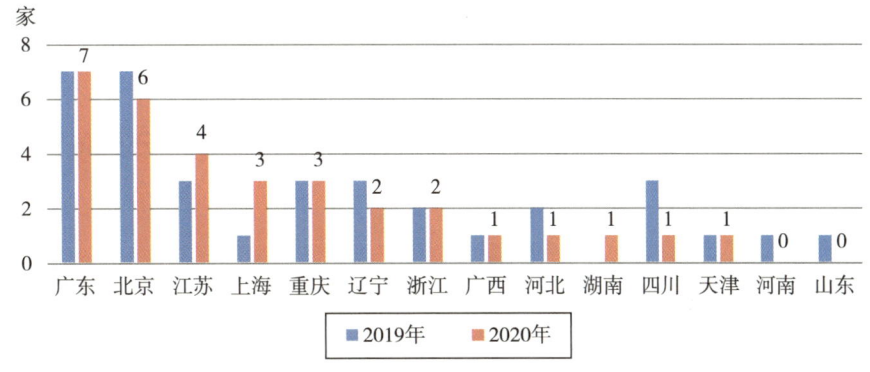

图专3-4　领跑者机构地区分布情况

（数据来源：中国互联网金融协会整理）

（五）参评机构的总体评分下降，领跑者机构与榜单机构的评分差距缩小

受2020年网银领跑者活动参评机构增加、评估要求提高、一致性审核更严格等因素影响，各类参评机构的总体评分有所下降。2020年，领跑者机构、榜单机构和全部参评机构的网银服务企业标准评分分别为69.69分、64.78分和40.31分，较上年分别下降2.42分、0.72分和2.16分（见图专3-5）。2020年的领跑者机构与榜单机构的评分差值为4.91分，较上年缩小1.70分，领跑者与榜单机构的服务差距有所减小。

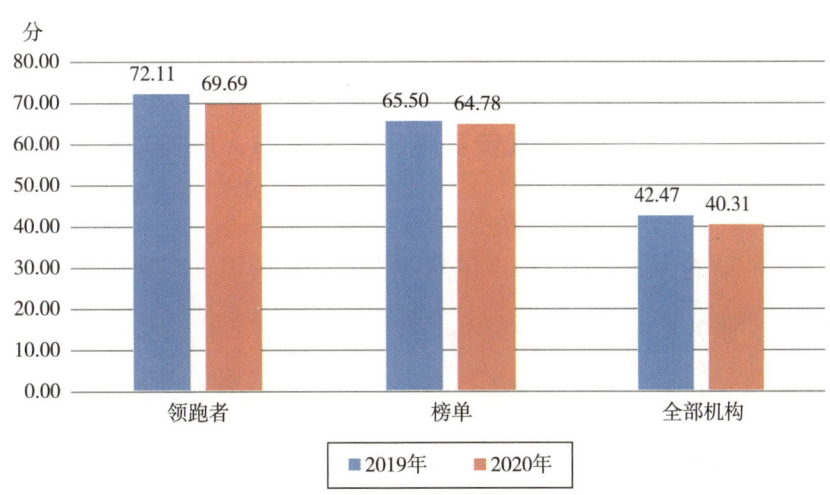

图专3-5　网银领跑者活动评分情况

（数据来源：中国互联网金融协会整理）

（六）国有大型商业银行和股份制银行的综合评分相对较高

大中型银行的信息化水平较高、标准化人才较多，网上银行业务起步早、发展快，金融服务水平较高，综合评分相对较高，进入领跑者机构占比较高。2020 年，国有大型商业银行和股份制银行的综合评分分别为80.17分和70.35分，分别高出领跑者机构综合评分10.48分和0.66分。民营银行、城商行、农商行及农信社的综合评分分别为60.42分、44.37分、33.15分，分别低于领跑者机构的综合评分9.27分、25.32分和36.54分（见图专3-6）。

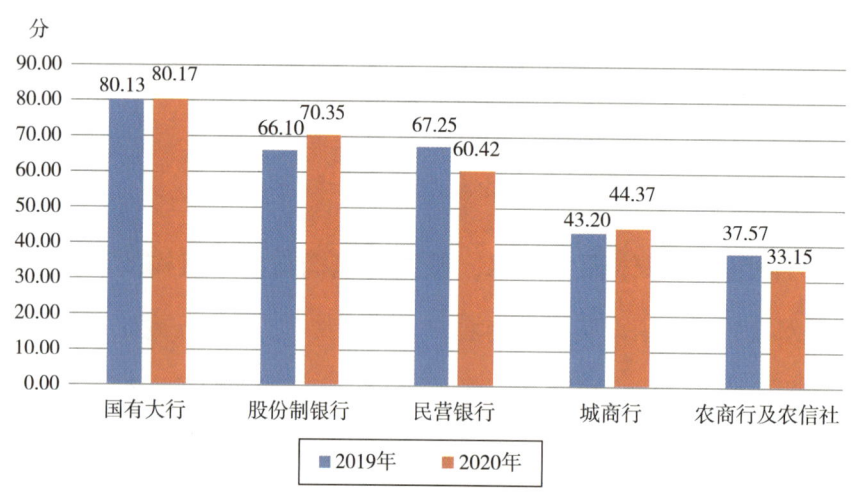

图专3-6　各类型金融机构评分情况

（数据来源：中国互联网金融协会整理）

二、网银领跑者活动评估的结构特点

（一）全部参评机构在标准宣传实施、实施保障、服务功能和客户体验等领域均有所提升

网银领跑者活动的评估主要从标准的规范性、转换引用、实施保障、宣传及实施机制，服务安全性、服务功能、服务性能和服务创新性，客户体验和技术创新性等多个维度进行量化评估。2020年，全部参评机构的综合评分为40.31分，较上年降低2.16分。在综合评分以上的领域及分数为服务安全性（47.64分）、标准规范性（45.72分）、实施保障（44.87分）、客户体验（42.46分）和标准转换引用（41.62分）；在综合评分以下的领域及分数为标准宣传实施（36.76分）、技术创新性（32.02分）、服务功能（31.43分）、服务性能（25.54分）和服务创新性（14.79分）。与2019年相比，标准宣传实施、实施保障、服务功能及客户体验领域的分数分别提高3.79分、1.73分、2.22分和0.87分（见图专3-7）。

专题3　网上银行服务企业标准"领跑者"评估情况

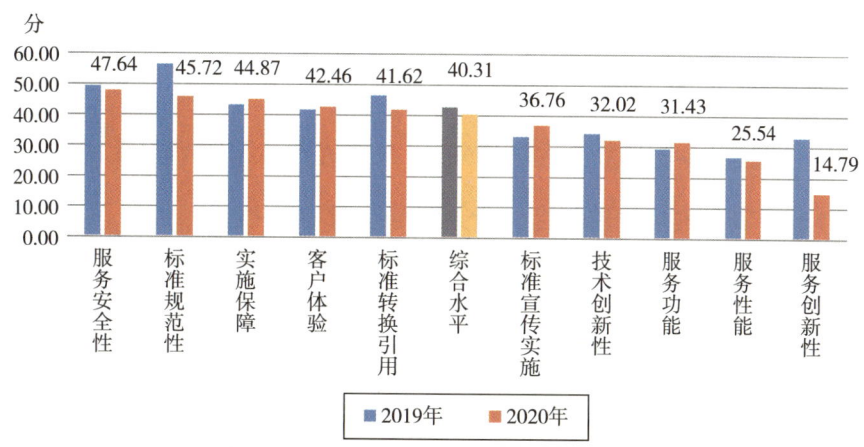

图专3-7　参评机构网上银行服务评分情况

（数据来源：中国互联网金融协会整理）

（二）榜单机构在服务安全性、标准转换引用、客户体验、技术创新性和实施保障等领域表现较好

2020年，榜单机构的综合评分为64.78分，较全部参评机构高24.47分。在综合评分以上的领域及分数为服务安全性（71.36分）、标准转换引用（69.08分）、客户体验（67.40分）、技术创新性（65.67分）和实施保障（65.67分）；在综合评分以下的领域及分数为服务性能（63.70分）、标准规范性（61.75分）、标准宣传实施（58.75分）、服务功能（58.00分）和服务创新性（29.33分）。与2019年相比，榜单机构的服务功能、服务安全性、实施保障、标准转换引用和标准宣传实施等领域的分数分别提高4.00分、3.17分、3.33分、2.25分和1.25分（见图专3-8）。服务安全性和服务功能是网银领跑者活动评估的重要方面，两个领域的评分提高，拉高了榜单机构的综合评分。

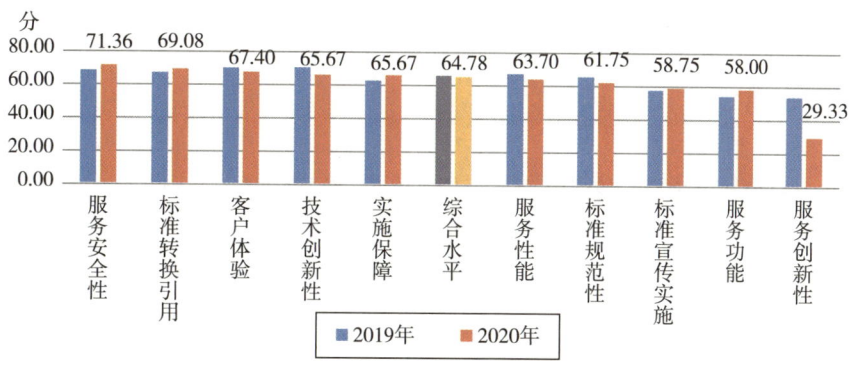

图专3-8　榜单机构网上银行服务评分情况

（数据来源：中国互联网金融协会整理）

（三）领跑者机构在服务安全性、技术创新性、标准转换引用和客户体验等领域具有优势

2020年，领跑者机构的综合评分为69.69分，较全部参评机构和榜单机构分别高29.38分和4.91分。领跑者机构的综合评分远高于全部参评机构，也高于榜单机构，显示了领跑者机构在网银服务领域的先进性和标杆作用。在综合评分以上的领域及分数为服务安全性（76.70分）、技术创新性（74.38分）、标准转换引用（74.06分）和客户体验（72.66分）、标准规范性（67.19分）、标准宣传实施（60.94分）、服务功能（57.81分）和服务创新性（38.75分）。与2019年相比，领跑者机构的服务安全性和标准转换引用的分数分别提高2.41分和1.21分（见图专3-9）。

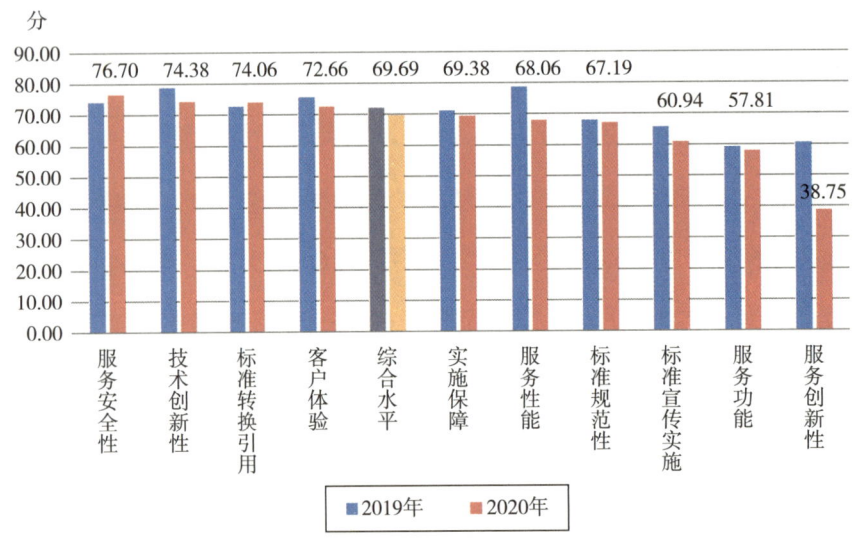

图专3-9　领跑者机构网上银行服务评分情况

（数据来源：中国互联网金融协会整理）

三、政策建议

近年来，服务标准化快速发展，但与以零部件通用互换为特点的工业标准化相比，人们对服务标准化实践发展还缺乏全面系统的综合总结和理论概括。在此背景下，实施金融服务企业标准领跑者制度，仍需金融界与标准界共同探索，推动理论和实践创新，从金融业发展的特点与规律、现实需求和潜在趋势出发，探索建立科学合理的金融服务企业标准领跑者模型。网银领跑者活动已开展两年，今后在评估方案、组织方式、激励

政策等方面仍有较大改进空间。

进一步优化评估指标，建立更加科学合理的金融服务企业标准领跑者模型。应充分考虑用户是金融服务的中心，将用户体验作为领跑者评估的核心指标。注重金融服务是一种活动和过程，进一步完善服务程序、流程便捷性和经济性方面的评估指标，评估方案的修改完善应坚持社会效益、经济效益、环保效益的有机统一，形成权威公正的金融服务企业标准排行榜。通过动态管理榜单，营造百舸争流的生动局面，推动领跑者企业引领我国金融服务业向现代化目标迈进。

开展地区层级的领跑者活动，调动小型金融机构参与积极性。建议借鉴参考全国领跑者活动经验，开展地区层级活动。根据小型金融机构的业务特点，量身定制科学合理的评估方案，评估产生地区领跑者榜单，优秀机构可被推荐参与全国领跑者活动。这样既能发挥大中型金融机构的标杆引领和典型示范作用，"以大带小"促进金融业形成争当领跑者的良好氛围，也能提高小型金融机构的参与积极性，促使其重视标准化工作，提升管理水平。

落实领跑者活动的激励政策，保证活动开展的可持续性。在政府质量奖、标准创新贡献奖中，积极采信企业标准领跑者的评估结果，并适当倾斜。建立金融服务企业标准领跑者基金，支持第三方评估机构采购金融产品服务的检测认证服务、弥补评审费用，也可用于奖励领跑者机构和先进个人。

探索实施网上银行领跑者的服务认证。研制网银服务质量的行业标准及服务认证方案，探索实施服务认证并推广。可探索参考能效领跑者标志，设计并应用企业标准领跑者标志，为市场推广提供便利。

专题4 银行函证数字化业务研究报告

银行函证程序和回函工作是夯实市场主体会计信息质量、防范金融风险、维护市场秩序的重要途径。而纸质打印、交换、保存的传统方式效率低、成本高，已经明显滞后于当前信息化发展水平。近年来出现的一些会计审计失败案例，暴露了函证不实问题给银行带来的运营风险、法律风险和声誉风险，给金融市场秩序造成不良影响。为解决传统银行函证程序面临的痛点问题，改善优化传统银行函证程序，行业监管部门、自律组织、银行业金融机构、会计师事务所等积极行动，通过强化监督引导、完善自律标准、加强基础设施支撑以及业务优化升级等方式不断推动银行函证数字化，促进银行函证高质量高效率发展。

一、传统银行函证业务发展情况

（一）银行函证的概念与重要性

银行函证及回函，是注册会计师在获取被审计单位授权后，直接向银行业金融机构发出询证函，银行业金融机构针对所收到的询证函，查询、核对相关信息并直接提供书面回函的过程。财政部、银保监会联合发布的《关于进一步规范银行函证及回函工作的通知》（财会〔2020〕12号）中，明确指出"银行函证是注册会计师独立审核的核心程序之一，银行函证回函对于注册会计师在审计工作中识别财务报表错误与舞弊行为至关重要。规范银行函证回函工作，有利于银行业金融机构加强内部控制、防范风险"。

根据《中国注册会计师审计准则》第1312号——函证第十二条明确规定：注册会计师应当对银行存款（包括零余额账户和在本期内注销的账户）、借款及与金融机构往来的其他重要信息实施函证程序，除非有充分证据表明某一银行存款、借款及与金融机构往来的其他重要信息对财务报表不重要且与之相关的重大错报风险很低。如果不对这些项目实施函证程序，注册会计师应当在审计工作底稿中说明理由。因此，银行函证是注册会计师审计中一项强制实施的审计程序。

真实的财务信息是企业在金融市场进行融资等活动的前提。会计师事务所对资本市场进行鉴证，其审计质量直接影响资本市场信息披露质量，因此函证也是当前金融市场投融资活动中实施风险控制的关键环节。

（二）银行函证业务的基本模式

我国的银行函证业务主要以纸质函证为主，主要流程包括：注册会计师编制函证纸质底稿，交由被审计企业授权后，寄送至相应银行业金融机构。银行业金融机构核对并填写函证内容，签字盖章后寄回会计师事务所或交由持身份证明的审计人员带回。

银行函证程序中，会计师事务所需要安排专人专门处理函证的填写、发函、催收、回收等工作。根据函证问询信息内容，银行在收到询证函后通常交由各营业网点受理，通过业务网（OA）系统分发各业务归口管理部门进行数据填写或核对，最后由营业网点根据业务归口部门反馈的结果进行询证函回函签注并寄送。

（三）银行函证风险事件频发

近年来，我国资本市场发现上市公司的财务舞弊事件，其中部分涉及货币资金，并与银行函证程序不规范、控制不到位有关。如某涉事公司利用多个函证程序漏洞进行虚假函证：一是在函证程序执行中，伪造银行函证，并以内审的名义骗取银行盖章确认页；二是伪造银行出具的资信证明；三是在应收账款询证函邮递过程中进行替换，伪造发函路径。这些问题不仅会加大注册会计师的审计风险，不利于审计质量和资本市场的健康、稳定，使得相关风险直接或间接传导到金融体系中，也会加大银行的经营风险和声誉风险。

二、传统银行函证的主要问题与挑战

（一）传统银行函证程序效率低、成本高

我国函证主要以线下手工模式为主，由于参与方多、路径长、节点多且各方信息化水平差异大，使得函证确认效率低、成本高等痛点较为突出。据了解，一份询证函从注册会计师填写并寄出到收回通常需要2～3个星期，消耗审计人员大量时间和精力。银

行内部回函流程也同样烦琐，涉及存、贷、汇、管等多部门多业务条线，数据查询入口多、业务流程长、耗时长、成本高。

受新冠肺炎疫情影响，部分会计师事务所出现银行函证程序延迟，导致一些上市公司被迫延期披露年报，财务报告被会计师出具非标准审计意见的比例也显著提高。传统线下手工模式的函证程序亟待推进数字化、线上化转型。

（二）传统银行函证程序可靠性差、风险高

纸质函证在流转中存在被人工干预的风险，审计人员又很难对其进行控制和识别，导致纸质函证的可靠性程度降低，从而影响审计质量，造成审计风险。近年来，我国金融市场出现多次风险事件，多家A股上市公司爆出严重财务舞弊，与银行函证程序失效直接相关。有员工因操作失误提供了不准确的函证，也有因员工道德问题而出具虚假不实函证。加强函证流程管理，提升会计师事务所审计效率、降低审计成本，提升银行内部控制管理水平、降低造假与篡改的风险，成为函证程序控制的重要工作内容。

（三）传统银行函证需要跨专业、跨领域数据治理

随着数字经济的迅速发展，我国当前以线下手工模式为主的函证业务逐渐成为需要跨专业、跨主体、跨领域进行数据治理的重要领域。

首先，函证内容涉及被审计企业的借款、存款、已注销账户、委托贷款、企业担保、银行担保、承兑汇票、商业汇票、不可撤销信用证、外汇买卖合约、证券等产权文件、理财产品、资金归集等14个大项，横跨了银行内部存、贷、汇、管多业务条线。我国多数银行未建立函证集中处理机制，回函工作均由基层网点线下处理，一定程度上存在操作风险和道德风险。其次，银行函证涉及银行、会计师事务所、被审计企业等多业务主体参与方，涉及金融和财会跨领域的数据识别、共享、应用，财会对金融业务的理解、金融机构对财会审计需求的理解若存在偏差，容易造成信息失真。

三、银行数字函证发展环境

（一）政策环境

2020年8月，财政部、银保监会联合发布《关于进一步规范银行函证及回函工作的通知》（财会〔2020〕12号），对规范银行函证及回函工作提出最新要求。要求银行业金

融机构在2023年1月1日前实现银行函证的集中处理，并鼓励具备条件的银行业金融机构和第三方平台按照国家有关规定，基于安全、可靠、效率的原则推动函证数字化工作。

2020年9月，财政部、人民银行、国资委、银保监会等七部门联合发布《关于推进会计师事务所函证数字化相关工作的指导意见》（财会〔2020〕13号），明确了推进函证数字化的重要意义、总体要求和具体工作措施，并提出加强政策引导、加强标准能力建设、支持相关基础设施数字化改造、加快新技术推广应用等保障政策措施。

（二）标准环境

函证底层数据的标准化结构化，数据可交换、可识别、可授权查询，使得数字函证成为可能。推动函证数字化必须充分发挥标准引领作用，不断建立完善集业务、技术、安全等为一体的函证标准化体系，对函证请求、回函数据格式，以及技术安全要求等进行规范和指导。

经全国金融标准化技术委员会批准，人民银行科技司组织全国性商业银行成立工作组，牵头制定《数字函证金融应用安全规范》金融行业标准，为金融机构数字函证业务系统、数字函证基础设施的安全技术、安全管理和安全运营等要求提供标准依据。

经全国金融标准化技术委员会批准，中国互联网金融协会组织相关商业银行和会计师事务所成立工作组，在会计准则及相关政策框架下，制定《数字函证银行应用数据规范》金融行业标准。将财会语言翻译为金融语言，帮助金融机构准确理解会计审计需求，帮助会计师事务所准确解读银行回函内容，为函证数字化提供业务标准依据。

（三）基础设施环境

中国互联网金融协会以解决传统银行函证程序问题为出发点，以区块链数字函证应用为落脚点，在财政部、人民银行等监管部门指导和大力支持下，搭建跨越金融和财会领域的数字函证基础设施。为各银行及会计师事务所开展数字函证业务提供技术先进、安全可靠、标准统一、便捷高效的技术支撑，推动实现会计师事务所发函、银行收函、被审计单位确认、银行回函、会计师事务所接收回函全流程线上处理。2020年11月，中国互联网金融协会数字函证基础设施项目正式纳入中国人民银行组织开展的金融科技创新应用监管试点，2020年12月，通过了财政部、人民银行、银保监会等监管部门组织的函证数字化试点方案评审，并进入试运行阶段。

（四）行业环境

为充分激活数据要素潜能，加快金融业数字化转型，各银行业金融机构纷纷开展内部数据治理，并将数字函证纳入金融数据综合应用试点范围。

部分信息化水平较高的商业银行，以数据与系统整合为手段，破除了信息孤岛，完成了数字函证中心建设，建立了集约化、数字化的函证处理机制，提高了从收到函证请求到发出回函的自动化程度，提升了函证质效。

为有效支持中小银行业金融机构函证数字化转型，中国互联网金融协会与农信银资金清算中心密切合作，充分利用各自金融行业基础设施建设经验和资源优势，推动我国中小银行业金融机构"一点接入"，以低成本、高效率地实现函证数字化转型，促进夯实"三农"市场主体会计信息质量，推动农村地区社会信用体系建设，服务乡村振兴。

四、银行数字函证发展展望

我国银行函证业务在各监管部门的政策指导下，在数字函证基础设施和金融机构数据治理"双轮"驱动下，建立集约化、数字化、规范化的函证处理机制，提升函证质效将成为必然。

一是数字函证中心建设进程加速。一方面，有条件的银行业金融机构将率先建立独立的函证中心，实现银行函证的集中化、数字化，从而带动数字函证在会计师事务所逐步得到有效应用。另一方面，暂不具备函证集中化条件的银行业金融机构，可在中国互联网金融协会数字函证基础设施的支持下，优先实现收函、回函工作的数字化、结构化，以此推动银行数据的集中化、函证数据提取整理的自动化。

二是数字函证标准能力建设进一步加强。在监管部门、国家标准化管理部门、行业自律组织、银行业金融机构、会计师事务所的共同努力下，将逐步建立统一、规范的银行数字函证数据应用和安全应用等标准体系。为实现银行函证标准跨专业、跨领域的统一，函证的请求、确认、查询、生产、反馈、接收使用与归档的全流程的统一，数字函证数据的标准化、结构化提供强有力的基础支撑，有效提升函证运行效率。同时，可推动金融机构数字函证业务系统和第三方数字函证基础设施规范、有序、安全运行，加快推进银行函证规范化、数字化进程。

三是基础设施建设安全稳妥推进。中国互联网金融协会数字函证基础设施为银行、会计师事务所开展数字函证业务提供了安全可靠、标准统一、便捷高效的基础设施服务，并通过发挥区块链分布式、防篡改、可追溯的技术优势，在可信安全环境下保障函证相关信息的准确性、可靠性和安全性。2020年11月，数字函证平台进入人民银行金融科技创新监管试点。

专题5　运用新技术促进数据要素融合发展

随着信息经济发展，以大数据为代表的信息资源向生产要素的形态演进，数据已和其他要素一起融入经济价值创造过程，对生产力发展产生广泛影响。

2020年11月24日，中国人民银行印发《关于发布金融行业标准　加强数据共享安全管理的通知》（银发〔2020〕284号），通知要求金融机构结合《多方安全计算金融应用技术规范》（JR/T 0196—2020），建立数据安全共享机制，并要求行业协会按照规范要求加强数据安全共享行业自律管理。

多方安全计算技术能够在保证数据安全前提下，解决互不信任的参与方之间协同计算的问题，其技术特点切实满足金融行业数据安全共享的要求，受到广泛关注。2020年以来，多方安全计算技术在金融行业的预研、验证、落地应用进程明显提速。

为了加快数据融合利用，促进多方安全计算领域"产—研—用"结合，本文通过分享资产管理业务中个人合格投资者认证场景下多方安全计算技术实践案例，希望助力探索新场景、新模式，进一步推动多方安全计算技术在金融领域规范应用。

一、多方安全计算技术

多方安全计算（Muti-Party Computation，MPC）最初由图灵奖获得者、中国科学院院士姚期智教授在1982年通过"百万富翁问题"提出。多方安全计算的研究主要解决无可信第三方情况下，如何安全地进行多方协同计算的问题。即在一个分布式网络中，多个参与实体各自持有秘密输入，共同完成对某函数的计算，而每个参与实体除计算结果外均不能得到其他用户的任何输入信息。

多方安全计算技术可实现多个非互信数据库在数据相互保密的前提下进行高效数据融合计算，做到既分享数据，又保证被分享的数据不流失（"数据可用不可见"），而且可以规定数据的具体用途和用量（"合约计算"），为打破数据壁垒和连接数据孤岛奠定了技术基础，为数据要素的确权和大规模融通创造了条件。基于多方安全计算技术进行数据安全融合，可实现各参与方对数据均可用不可见，同时全流程可验证、可追溯、可解释、可审计、可监管，对投资者、金融机构、监管部门均有积极意义，有助于扩大业务规模、提升机构风控效能、增强监管效能，促进数据要素市场化配置。

二、多方安全计算技术在金融行业的探索与实践

在依法合规和安全可控的前提下，推动数据融合应用有助于在金融领域发挥数据要素的倍增作用，助力更好地实现金融业高质量发展。与此同时，由多方计算、联邦学习等技术手段及其组合形成的方案工具箱也不断丰富，持续改善金融业兼顾数据要素融合应用和安全保护的技术条件。然而，由于各种因素的综合作用，金融领域对此类新型解决方案的实践探索仍相对较少。鉴于此，我们选择资产管理业务中对个人合格投资者认证业务场景，结合具体场景的业务背景、数据要素融合应用痛点及相关技术特点，研究提出具有探索价值的针对性解决方案，希望能够为未来相关行业实践提供一定参考借鉴。

（一）个人合格投资者认证业务背景

在资产管理业务中，合格投资者是指具备相应风险识别和风险承担能力，且符合投资单只产品不低于一定金额等条件的自然人、法人或者其他组织。在我国，《证券投资基金法》《信托公司集合资金信托计划管理办法》《证券公司客户资产管理业务管理办法》《私募投资基金监督管理暂行办法》《关于规范金融机构资产管理业务的指导意见》《保险资产管理产品管理暂行办法》等均有关于合格投资者的明确规定。对个人投资者进行合格投资者认证，既是从业机构满足监管要求的必要条件，也是保护投资者的重要举措。

金融机构面向个人投资者销售资管产品，必须严格落实合格投资者认证要求，确认其持有的金融资产总额或年收入总额等符合要求，一般需要使用客户的姓名、身份证、金融资产证明（经有关部门盖章认证的图片）、个人收入证明（经有关部门盖章认证

的图片）、家庭关系证明（如投资者使用家庭资产作为认证条件时须提供）等信息。其中，相关的金融资产包括银行存款、股票、债券、基金份额、资产管理计划、银行理财产品、信托计划、保险产品、期货权益等。

同时，上述数据的共享受到严格的监管限制，包括但不限于需满足数据加密、明示授权（授权应明确对象、数据使用方式、可能后果等）等监管要求。比如，《网络安全法》规定，网络运营者不得泄露、篡改、毁损其收集的个人信息；未经被收集者同意，不得向他人提供个人信息，经过处理无法识别特定个人且不能复原的除外。《中国人民银行金融消费者权益保护实施办法》（中国人民银行令〔2020〕第5号）规定，银行、支付机构通过格式条款取得消费者金融信息收集、使用同意的，应当在格式条款中明确收集消费者金融信息的目的、方式、内容和使用范围，并在协议中以显著方式尽可能通俗易懂地向金融消费者提示该同意的可能后果。《个人金融信息保护技术规范》（JR/T 0171—2020）要求，金融业机构原则上不应共享、转让其收集的个人金融信息，确需共享、转让的，应充分重视信息安全风险。应向个人金融信息主体告知共享、转让个人金融信息的目的、数据接收方的类型，并事先征得个人金融信息主体明示同意，共享、转让经去标识化处理（不应仅使用加密技术）的个人金融信息，且确保数据接收方无法重新识别个人金融信息主体的除外。

（二）个人合格投资者认证业务难点

目前，个人合格投资者认证通常需由投资者本人提供证明材料，并签署合格投资者承诺函（确认本人符合条件，所有操作系本人执行），金融机构对材料认证负有法律义务。投资者在不同金融机构办理业务时，需重复提供证明材料的操作。在此模式下，普遍存在认证效率低、有效性不足、客户体验差、行业监管难等痛点。

投资者方面，一是认证过程繁杂，认证成功率低。合格投资者认证涉及材料较多，资产和收入证明等材料需要有关部门盖章认证，无法纯线上办理。同时，金融机构对认证材料的审核也非常严格，平均需要投资者花费3~4天时间处理，且最终办理成功率不高，导致客户体验较差。金融机构统计数据显示，有意向办理的投资者最终认证成功率仅约10%，即便是提交审核资料的投资者认证成功率也不足40%。二是认证无法通用，且部分机构的资产证明不被认可。目前，合格投资者认证无法实现跨机构通用，当投资者到新机构办理投资业务时，需要重新认证其合格投资者身份。同时，由于缺乏可靠的数据共享途径等原因，部分金融机构仅接受银行、保险、证券等金融机构出具的资产证明，难以信任互联网金融机构出具的资产证明，可能导致部分潜在客户因无法通过认证而流失。

机构方面，一是认证成本较高。由于认证要求严格、所需审核资料多，金融机构往往需要投入大量具有一定经验的人力进行资料审核及投资者辅导，以满足自身风控要求。二是存在监测漏洞。实际操作中，即便合格投资者认证过程与程序十分严格，但金融机构仍然难以完全验证投资者提交材料（如收入证明）的真实性，也难以防止投资者利用时间差从不同金融机构套取虚假资产证明。

监管方面，由于从业机构分别开展合格投资者认证，为避免个别从业机构放松要求，监管部门也需要对各家机构分别进行监管，成本较高，难以实现监管全覆盖。

行业方面，烦琐复杂的认证流程导致部分潜在合格投资者未能得到认证，限制了行业整体合格投资者的规模，行业发展速度和发展质量有进一步提高的空间。

（三）个人合格投资者认证查询系统解决方案

基于上述业务背景和难点，在现有的个人合格投资者认证方式下，各方存在较为明显的业务痛点。探索通过多方安全技术创新应用，在保护好个人投资者隐私和金融机构商业秘密的同时，实现个人投资者金融资产、收入流水等相关数据安全合规融合，促进自动化、实时化的个人合格投资者认证，缓解各方痛点。

1. 技术解决方案

从目标需求属性来看，个人合格投资者认证的计算需求包括隐私查询和简单计算，逻辑较为简单。同时，在投资者填写表单时，平台可同步计算相关结果，以提升用户体验。从数据属性来看，个人合格投资者认证需要用到投资者的姓名、身份证、金融资产余额、个人工资流水、家庭关系等C1、C2类实时信息，业务场景仅涉及个人或家庭数据，数据体量较小。从法律法规要求方面看，此类C1、C2类数据来源于多个机构，保密性要求较高。因此，在本场景中较为适合使用多方计算技术。

2. 技术实现方案

参与机构在业务流程中的角色可分为数据的输入节点、计算节点和输出节点。其中，计算节点应由相对固定且相互独立的多家可信权威机构组成，可避免单一计算节点掌握全部输入因子（并非原始数据）；输入、输出节点根据业务需要动态调整，确保业务相关方数据安全融合。

一般而言，融合过程可分为三个环节：一是数据输入环节，各输入节点对所掌握的投资者资产信息数据、收入流水数据等进行数学变换，并将变换后的输入因子提交至多方计算引擎。二是数据计算环节，多方计算引擎对输入因子进行预处理后分发至各计算节点，确保每个计算节点仅能获取到单个输入节点输入因子的部分"切片"。各计算节点完成各自计算后将结果提交至多方计算引擎，由多方计算引擎将计算结果"切片"后分发给若干个计算节点（每个计算节点仅能收到部分"切片"，即输出因子）。三是数据输出环节，输出节点对输出因子进行处理，获取明文融合结果（如资产总额是否高于监管要求）供业务系统使用。

以三个输入节点（某银行A、某信托B和某基金C）、四个计算节点（四个独立的机构A、B、C和D）、一个输出节点（某金融机构A）的情况（见图专5-1）为例，其一般流程如下：

（1）各数据输入方（某银行A、某信托B和某基金C）生成个人合格投资者认证所需数据，并将数据注册到数据接入节点（DS1、DS2、DS3）。此时，注册使用的是元数据信息，数据本身并未进入数据接入节点。

（2）当计算资产总额或收入流水的任务启动时，多方计算引擎通知数据接入节点和数据输出节点，从各数据接入节点读取输入因子（"切片"后的计算因子）分别发送至各计算节点（S1、S2、SA、SB）。各计算节点完成对所接收到输入因子的计算，由多方计算引擎对各计算节点结果进行综合处理并"切片"成若干个输出因子。

（3）数据输出节点从相关计算节点获得输出因子，将其解密以获得计算结果明文数据。各计算节点销毁计算因子、计算中间结果和最终结果数据。

（4）业务系统从数据输出节点获得计算结果。

专题5 运用新技术促进数据要素融合发展

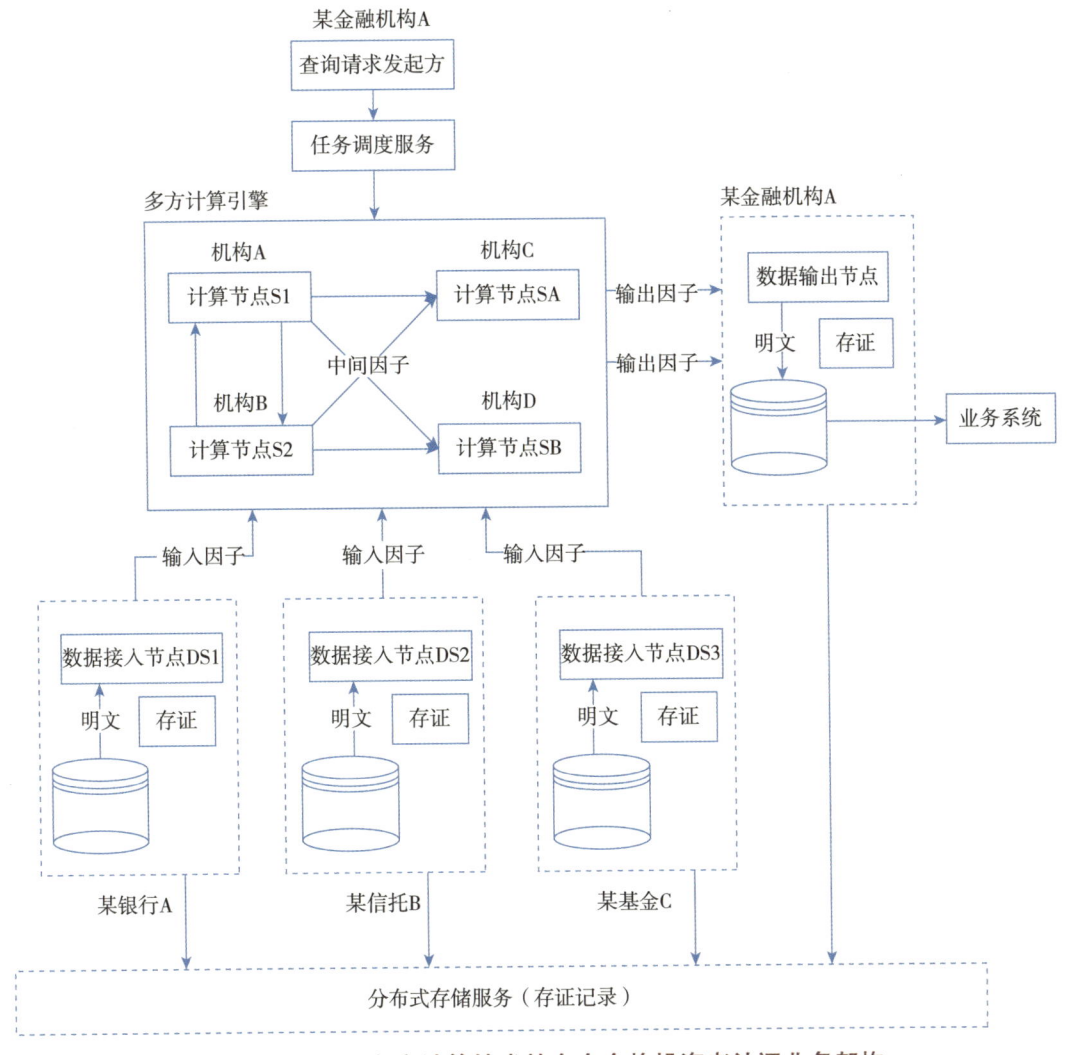

图专5-1 基于多方计算技术的个人合格投资者认证业务架构

3. 技术方案价值

基于多方计算技术进行数据安全合规融合，可实现各参与方对数据均可用不可见，同时全流程可验证、可追溯、可解释、可审计、可监管，对投资者、金融机构、监管部门及资产管理业务本身均有积极意义，有助于扩大业务规模、提升机构风控效能、增强监管效能，促进资产管理行业规范健康发展。

对投资者而言，此方案可节约时间成本并实现认证结果在各参与机构间重复使用，有助于其更便捷地获取不同机构的差异化服务，提升投资体验。对金融机构而言，机构可在满足合规要求前提下显著降低认证审核所需人力投入，有效减少套取虚假资产证明问题，同时简化投资流程，提升产品吸引力。对监管部门而言，此方案能实现对集约化的认证平台实施监管，有助于提升监管覆盖面，同时更便于通过嵌入监管模块等技术手段提升监管及时性和穿透性。

三、引入多方安全计算技术的意义

在个人合格投资者认证查询系统中，通过多方安全计算技术安全、合规采集个人投资者的金融资产、收入流水、家庭净资产等数据信息，自动联合计算投资者的金融资产信息或收入状况信息，在保护申请者数据隐私的前提下判断客户所开具的资产证明是否属实，帮助金融机构减少人工审核成本，增强监管穿透力和有效性，降低监管成本。

（一）数据可用不可见，控制数据用途和用量

通过数据可用不可见、事先控制数据用途和用量的创新性技术方案，利用数据计算价值的融通解决个人合格投资者认证业务中各方及行业现有痛点，有效降低金融机构人工审核认证材料成本，协助监管机构实现高效监管。

（二）保护个人投资者的资产数据隐私

基于多方安全计算技术的系统以密文形式计算出申请者是否为合格投资者，在系统和查询方都看不见原始数据的情况下计算出结果并加以应用。

（三）助力化解数据孤岛

针对明文数据易复制、复制成本低的特点，系统将打消各方对数据安全的顾虑，尤其是保护金融机构"数据不出库"原则，使得数据可用不可见，打破金融机构之间的数据壁垒，实现高效安全的数据融合。

（四）推动数据生产要素化进程

基于多方安全计算技术的系统可推广至更多场景，其密文计算方法绕开了明文数据使用过程中难以厘清"权""责"和"利"的问题，实现数据"可用不可见"和"规定用途和用量"，为数据的交易流通和数据要素化奠定技术基础。

专题6 非自然人网络商户反洗钱风控实践

随着移动互联网的普及、移动支付以及互联网金融技术的快速发展，以互联网为主要经营场所的网络商户大量涌现，形成了以网络商户和服务于网络商户的互联网金融机构为主要组成部分的货币互联网金融价值转移新生态。新生态的出现在为人们的生产生活提供了极大方便的同时，也为洗钱等犯罪活动资金转移提供了便利，桎梏其持续健康发展。由于相关技术尚在快速发展变化中，洗钱风险表现形式更加复杂，银行、网络支付机构等为网络商户提供服务的金融从业机构（以下简称"从业机构"）除应按照监管部门指引强化工作机制建设外，还需深入研究网络商户业务场景，持续识别各场景特有的风险特征，有针对性地制定反洗钱工作标准，丰富风险控制手段，并定期进行风控效果总结，根据实际情况予以动态调整。

本文基于行业实践经验和对行业未来发展的思考，对从业机构在事前客户准入、事中持续尽职调查以及事后风险客户管控阶段对于非自然人网络商户（以下简称"客户"）反洗钱风控和合规管理实践要点进行归纳和探讨。

一、客户准入审核

现行法律法规一般要求从业机构对客户承担尽职审查义务，避免为违法违规客户提供服务。在首次与客户建立业务关系（以下简称"客户准入"）阶段，存在较为普遍适用的准入审核要点和风险判断标准。

（一）客户准入审核要点

客户准入审核应至少包括以下几个方面的内容：

1. 信息或材料的完整性与准确性审核。从业机构应当首先保证客户完整、准确地填写与提交准入申请所需的相关信息及材料。审核要点包括：a.是否根据准入标准提供了相应的准入材料及信息,准入材料及信息一般包括客户身份信息、基本资质影印件、业务场景证明材料(如网站链接、应用名称、上下游合作协议)、门头照片等。b.填写的信息是否完整、准确,如系统需登记的信息是否填写,填写的信息与影印件及核验渠道显示的信息是否一致等。

2. 客户基本资质审核。客户基本资质包括政府有权机关颁发的能够证明其合法真实身份的证件或文件,如营业执照、事业单位法人证书等;重要关系人的有效身份证件影印件;特殊行业或经营特殊业务所需的特许资质,如金融机构的《金融许可证》、融资租赁公司的融资租赁业务批文或备案回执、医疗机构的《医疗执业机构许可证》、餐饮服务机构的《食品经营许可证》等。审核要点包括:a.影印件清晰度判断,如文字、数字、图像等信息是否清晰可辨。b.影印件真实性判断,如是否存在变造伪造痕迹。c.影印件有效性判断,如是否在有效期内,是否为最新的证件(通过公开、可信的渠道核对工商信息),是否为监管规定的有效证件种类、是否加盖公章确认权属关系。

3. 客户身份真实性审核。审核申请准入的客户是否为证件所记载主体,一般可通过实地拜访、法定代表人人脸识别、同名对公银行账户打款回填校验、法定代表人实名手机短信回填校验、电话回访等方式来核实客户开户行为真实性,避免冒名准入。借鉴传统金融业务的经验,有条件的情况下坚持"亲见"原则更有助于控制风险。如实地(或通过远程视频连线等形式)亲见企业主本人、亲见各类证明材料原件、亲见企业主本人或授权人在各类证明材料上签字。审核过程中,通过实地走访等方式,可进一步确认信息采集质量。

4. 业务场景真实性审核。可通过客户的登录网站、下载App等方式进行体验业务场景,还可通过收集与交易对手的合作协议、客户门头照片、实地拜访勘察等方式了解客户业务模式、判断交易性质。

5. 风险信号线索挖掘。客户身份信息与业务场景核验是客户准入审核的最低要求,有效防范客户风险还应进一步调查挖掘客户的风险指征,评估客户资质,佐证业务真实性,综合判断是否符合准入标准。

(二)客户准入阶段常见客户风险特征

在准入阶段,常见的客户风险特征包括:a.是否为空壳公司,如是否成立较久的公司通过网络搜索无招聘、业务推广等经营痕迹，存在批量成立的且结构相同（名称/注册地址/注册资本/股东/高管等相同或相近）的关联公司，工商注册存在代办痕迹等。b.工商状态是否异常甚至注销，客户本身及其重要关系人是否存在民事纠纷案件可能影响到合作事宜。c.与本从业机构因风险原因已被清退的客户是否存在强关联关系，如存在相同的推荐人或渠道、经办人、法定代表人、受益所有人、实际经营地址、联系电话、联系邮箱、采用相同的系统服务提供商等，从业机构可根据自身技术能力搭建客户关联图谱用于快速识别不同主体之间的关联关系。d.是否命中各类风险名单，如按照法律规定和监管要求应纳入反洗钱监测范围的名单（如有关部门发布的涉恐名单、制裁名单和不可靠实体清单、联合国安理会制裁名单等）、从业机构自定义的风控黑名单和反洗钱监控名单、监管机构或公安机关下发的风险名单、渠道协查名单、有权机关查冻扣名单等。e.网站或应用的搭建是否完善，如购买、售后流程是否完整、可用，商品或服务价格是否符合市场行业，对于客户网站属于通用模板网站或者非知名网站且存在商品质量低劣但价格偏高的情况也应予以关注。f.搜索与客户相关的投诉举报、评论、媒体报道等线索，用于判断客户真实的业务模式。g.分析客户与交易对手的合作协议，调查协议相对方的身份背景、分析条款合理性、印章真实性等，判断材料真实性。

一般而言，出现以下情形的，从业机构需要考虑将相关客户列为高风险客户：

1. 客户或客户的股东、实际控制人或受益所有人属于各类内部、外部反洗钱、涉恐以及制裁黑名单中的对象。

2. 企业客户资质较差，如成立时间短、法定代表人年龄过高或过低、工商信息频繁变更、运营网站或应用软件质量较差等。

3. 受益所有权透明度低，无法通过可信渠道、法定信息或材料核验受益所有人，或未完成受益所有人识别等。

4. 行业、职业的洗钱风险较高，如与现金服务密切相关的行业、从事高利率资金拆借或涉及投融资活动的行业、容易发生套场景接入的行业、所售产品缺乏可参考的公允价值或能够快速变现的行业等。

5. 客户或客户的股东、实际控制人或受益所有人来源于或者业务往来于高风险国家或地区。

6.客户存在风险信号,如发生可疑交易,因为涉嫌洗钱、恐怖融资或其他违法犯罪行为被有权机关或合作方调查等。

7.交易对手与风险客户重合度高,客户拒绝配合开展客户尽职调查工作等。

对于高风险客户、高风险地域或高风险业务,可要求客户提供或主动收集更多的直接证明材料,并通过自行查证、第三方查证等方法查证客户提供的资料是否真实等,全面分析客户交易目的。对低风险客户、低风险地域和低风险业务,则可适当简化审查措施。从业机构应根据自身业务环境、组织架构设置、配套系统建设及风险容忍度等情况,制定客户准入审核流程和审核标准,加强客户准入审核。

二、开展持续的客户尽职调查

首次与客户建立业务关系以后,客户的所有权、组织形态、商业形态和具体的经营行为等都可能不断变化,导致其与从业机构在客户准入阶段所了解的情况不同,因此客户准入时所采取的审查措施无法一劳永逸,从业机构需要建立持续的客户尽职调查机制,持续关注客户的各项变化,以便及时发现和处置风险。对网络商户进行定期巡检以及建立交易监控机制是常见的持续客户尽职调查手段。

(一)客户巡检机制

从业机构需建立客户巡检机制,明确职责分工、巡检频率、巡检内容、风险管控措施等内容。客户巡检可分为定期巡检和临时巡检两类,定期巡检是指根据客户风险等级确定的频率,定时开展客户风险检视;临时巡检是指因为客户命中了监控模型生成巡检任务,实时或准实时开展客户风险检视。

不同风险等级的客户对应不同的巡检周期,风险等级越高的客户巡检间隔时间越短,关注程度越高。参考标准如下:

表专6-1 各风险等级巡检周期

风险等级	高	中	低
巡检周期	6个月	12个月	24个月

客户巡检内容至少应涵盖:客户基本资质(如工商状态、工商信息、受益所有人等

变更)、网站建设情况、交易分析、舆情信息、风控参数传送、业务模式核查、接口使用(是否存在接口外放)、同卡进出控制等,并根据巡检结果重新评定风险等级。对于风险等级较高的客户,可以根据实际情况采用进一步的巡检措施,包括但不限于对于客户实地走访、对于客户的交易对手进行进一步联络验证业务属性等。

对于网络商户,其是否真实通过已经在从业机构备案的在线平台开展所备案的经营活动,是否违反协议将支付接口外放至其他网站是商户巡检的重点之一。从业机构可以考虑采取不同的方式验证客户的交易数据与其备案的交易模式是否相符:a.检查客户在线平台ICP备案主体以及有效性。b.检查涉及线上金融活动的客户是否完成了移动金融App备案。c.抽查客户历史交易相关物流信息、银行流水等辅助信息。分析客户交易数据模式,对照客户在线平台交易内容检查是否存在异常。d.分析客户在线平台显示的访问量及变动趋势,对照客户交易量检查是否存在异常。e.分析客户在线平台客户评论区或者论坛内容及热度,对照客户交易情况检查是否存在异常。f.检查客户交易附言是否存在与其备案业务明显不符的关键词。g.接入外部网站监测服务商持续监测客户在线平台网站下挂情况。h.接入舆情监测平台监测客户商号、主要关联人的负面舆情情况等。

(二)构建客户交易监控模型

从业机构可根据所服务的网络商户的行业与具体业务场景形成具有本机构特色的监控模型分类。不同行业和场景的交易特征差异明显,如小额贷款行业还款一般具有周期性、小额特征;零售电商行业用户重复交易概率低、金额有零有整。一般而言,构建监测模型可以考虑以下维度:a.身份特性,如客户所属地域(注册地/实际经营地)、行业类型、法人透明度等。b.交易特性,如交易金额、交易笔数、交易时间、交易对手集中度、交易对手类型等。c.风险信号,如命中风险名单、异常IP地址、与风险客户关联、交易摘要命中风险词汇等。d.开销户频次,如频繁开户、销户等异常情况。e.使用的产品,如客户涉及多类产品或业务,可考量各项产品或业务的交易金额占该客户某一段时期总交易金额的比重。即便客户交易总金额未发生明显变化,如果客户某一类业务的交易金额激增且大幅超过以往平均交易金额,可设置监控预警,并根据实际情况考量是否有必要重新评定客户洗钱风险等级。

对于系统预警的客户，应及时根据监管要求采取重新识别客户等措施，深入分析交易情况，挖掘、验证客户身份、业务模式及交易性质。必要时可要求客户配合调单，说明交易性质并提供相应证明材料，或者实施用户回访，了解交易性质。

（三）持续关注客户业务存续状态

在与客户建立或维持业务关系期间，应持续关注客户的业务存续状态。从业机构需要监测客户各项证照的过期情况，按照时限要求提前提醒客户及时更新证件。值得关注的是，客户证照未过期并不代表客户业务一定能够合法存续。在当前法规体系下，企业可能存在主动注销营业执照、被工商管理部门或者行业主管部门吊销营业执照、从业资格许可证等意外情况，导致客户的业务无法合法存续。因此，从业机构还应当定期查询工商等级网站、关注行业主管机关的重大公告或者采购第三方信息提供商的服务，及时发现客户工商信息、从业资格的变化，以便及时发现与处置风险。

三、风险客户管控

除按规定对涉嫌洗钱和恐怖融资的客户采取报送可疑交易报告、调整风险等级、限制交易限额、强化业务审批、暂停服务、冻结资产等反洗钱措施外，从业机构可梳理常见的风险客户类型，针对不同情形明确相应的管控措施。发现风险客户，应根据管控标准及时采取措施，避免给本从业机构带来经济损失、声誉影响甚至监管处罚。本文尝试对常见的客户风险情形以及可能采取的风险管控措施进行归纳。从业机构在管控和处置风险客户时，需要根据自身的业务环境与风险容忍度建立有自身特色的风险客户管控标准和流程。

（一）虚假宣传

包括客户侵犯从业机构的商标或其他权益，通过宣传由从业机构提供资金托管、监管等为自身业务增信，误导消费者。

可能采取的管控措施：视严重性可采取要求整改、暂停合作、终止合作等。

（二）安防缺失

包括客户未按要求传送参数，未按要求控制同卡进出，客户网站或应用存在系统漏洞等。

可能采取的管控措施：可要求客户进行整改，同时视严重性决定在整改期间是否要采取暂停服务、降低额度等措施。

（三）长期无交易

客户长期无交易发生。可以根据具体情形采取不同的管控措施：客户连续6个月未发生交易的，可暂停合作；如在暂停合作6个月之后客户未提出申请恢复交易的，支付机构可通知客户终止合作；连续12个月未发生交易的，可终止合作。如客户需要恢复交易，应事前提出申请，经审核后方可恢复合作。

实践中，有从业机构对开户之日起6个月内无交易记录的账户，暂停其非柜面业务，待重新核实身份后，可以恢复其业务。对柜面业务可采取对账户降低转出限额或者只进不出的管控措施。

（四）业务模式发生意外变更

客户的主营业务或者业务模式可能在未通知从业机构的情况下发生意外变更，从而导致监控警报或者现有的监控手段失效。

可能采取的管控措施：a.若变更后的业务模式合法合规且符合从业机构接纳标准，应要求客户提交业务变更申请，重新审核。b.若变更后的业务模式合法合规但不符合从业机构接纳标准，可终止合作。c.变更后的业务模式违反相关法律法规甚至涉嫌刑事犯罪，应立即终止合作，录入黑名单拒绝再次建立业务关系，视具体情况提交可疑交易报告并采取报告监管机构以及公安机关等措施。

（五）违法经营

客户被公安机关立案侦查，可能涉嫌违法经营活动。

可能采取的管控措施：立即暂停合作或终止合作，公安机关有特殊要求的从其要求；涉及用户投诉的还可采取延迟清算、缴纳保证金等措施，为用户补偿做好准备。

（六）经营异常

客户发生兑付困难，停业转型或暂停运营，被列入工商异常名单、工商失信人或企业名单等。

可能采取的管控措施：客户工商状态已注销，应立即终止合作；客户发生其他经营困难或经营异常的，应暂停合作或终止合作。

（七）恶意欺诈/无法识别身份

客户伪造资料或提供虚假信息，骗取准入或不配合开展尽职调查，无法识别身份。

可能采取的管控措施：终止业务合作关系，录入黑名单拒绝再次建立业务关系并报送可疑交易报告。

（八）证件失效

客户原先留存的资质证件过期，或工商信息发生变更导致当前留存的资质证件失效。

可能采取的管控措施：客户原先留存的资质证件已过有效期，应当立即暂停服务，并要求客户提交新的资质证件；客户原先留存的资质因工商信息变更失效，可要求客户限期提交新的资质证件，视客户风险情况采取暂停服务、降低额度等措施。

（九）存在大量用户投诉

从客户服务中心、外部投诉平台、舆情监测平台等来源监测到客户存在大量用户投诉，可能涉及违法经营活动。

可能采取的管控措施：调查投诉来源可靠性、投诉数量趋势以及严重程度，如果存在合理怀疑判断客户已经涉及违法经营或者可能为从业机构带来较大风险，则应视情况采取暂停合作或者终止合作、延迟清算、缴纳保证金、报告公安机关及监管机构等措施。

（十）命中涉恐、制裁等名单

客户在准入名单筛查、回溯性名单筛查时命中涉恐名单、联合国或者业务适用司法管辖区政府颁布的制裁名单。

可能采取的管控措施：当客户命中涉恐名单时，从业机构应当立即终止合作、冻结资金，并向监管机构报送可疑交易。

当客户命中联合国或者业务适用司法管辖区政府颁布的制裁名单时，从业机构应当立即暂停交易，分析交易是否属于制裁适用类型，并谨慎采取终止合作、冻结资金、向监管机构报送可疑交易、按相关法律法规向相关政府机构报告、按照相关法律法规、合作协议向合作机构通报等措施。

互联网金融新生态所催生的网络商户多样性及其经营行为的快速迭代特征为从业

机构履行反洗钱与反恐怖融资以及合规管控义务带来了前所未有的挑战。从业机构所服务的客户行业、业务场景、自身风险管理水平以及风险承受能力各有不同，客户管理的标准以及处置手段无法、也不适合在全行业达成绝对统一的标准。在满足合规性要求的前提下，各从业机构需要根据自身情况制定统一、完善的客户事前、事中和事后管理机制。本文所述内容，希望可以为从业机构制定有自身特色的网络商户管理标准和实施方案带来一些参考。

附录1 2020年中国互联网金融大事记

政策监管

1. 2月1日，中国人民银行、财政部、银保监会、证监会、外汇局联合发布《关于进一步强化金融支持防控新型冠状病毒感染疫情的通知》（银发〔2020〕29号）。

2. 3月4日，中国人民银行发布《关于发布〈网上银行系统信息安全通用规范〉行业标准的通知》（银发〔2020〕35号）。

3. 3月4日，中国人民银行发布《关于发布金融行业标准加强商业银行应用程序接口安全管理的通知》（银发〔2020〕44号）。

4. 3月4日，中国人民银行发布《关于发布金融行业标准做好个人金融信息保护技术管理工作的通知》（银发〔2020〕45号）。

5. 6月22日，中国银保监会发布《关于规范互联网保险销售行为可回溯管理的通知》（银保监发〔2020〕26号）。

6. 7月12日，中国银保监会发布《商业银行互联网贷款管理暂行办法》[中国银行保险监督管理委员会令（2020年第9号）]，旨在规范商业银行互联网贷款业务经营行为，促进互联网贷款业务健康发展。

7. 8月20日，最高人民法院发布了新修正的《最高人民法院关于审理民间借贷案件适用法律若干问题的规定》，确定将一年期贷款市场报价利率的4倍作为民间借贷利率司法保护上限。

8. 9月7日，中国银保监会办公厅发布《关于加强小额贷款公司监督管理的通知》（银保监办发〔2020〕86号）。

9. 9月13日，中国人民银行发布《金融控股公司监督管理试行办法》（中国人民银行令〔2020〕第4号）。

10. 9月15日，中国人民银行发布《中国人民银行金融消费者权益保护实施办法》（中国人民银行令〔2020〕第5号），旨在保护金融消费者合法权益，规范金融机构提供金融产品和服务的行为，维护公平、公正的市场环境，促进金融市场健康稳定运行。

11. 9月18日，中国人民银行、工业和信息化部、司法部、商务部、国资委、市场监管总局、银保监会、外汇局发布《关于规范发展供应链金融 支持供应链产业链稳定循环和优化升级的意见》（银发〔2020〕226号）。

12. 11月10日，市场监管总局发布《关于平台经济领域的反垄断指南（征求意见稿）》，旨在预防和制止平台经济领域垄断行为，引导平台经济领域经营者依法合规经营，促进线上经济持续健康发展。

13. 11月12日，中国银保监会、中国人民银行发布《关于〈网络小额贷款业务管理暂行办法（征求意见稿）〉公开征求意见的公告》。

14. 12月17日，银保监会发布《互联网保险业务监管办法》[中国银行保险监督管理委员会令（2020年第13号）]，旨在规范互联网保险业务，有效防范风险，保护消费者合法权益，提升保险业服务实体经济和社会民生的水平。

15. 12月26日，人民银行、银保监会、证监会、外汇局等金融管理部门联合约谈了蚂蚁集团，督促指导蚂蚁集团深入贯彻党中央、国务院有关精神，按照市场化、法治化原则，落实金融监管、公平竞争和保护消费者合法权益等要求，进一步规范金融业务经营与发展。

16. 12月8日，中国人民银行党委书记、中国银保监会主席郭树清在2020年新加坡金融科技节上演讲时表示："近年来，我们持续清理整顿，到11月中旬实际运营的P2P网贷机构已经全部归零。"

自律管理

1. 1月31日，中国人民银行发布《关于进一步强化金融支持防控新型冠状病毒感染肺炎疫情的通知》，要求金融机构不得利用疫情进行不当金融营销宣传，中国互联网金融协会迅速开展金融广告监测并及时报送相关线索。

2. 2月4日，中国互联网金融协会将捐赠湖北省黄冈市的61.1336万元（包括个人捐款21.1336万元）转交给黄冈市慈善总会，用于指定医院购置防护用具。

3. 2月27日，中国互联网金融协会指导发起的"博雅医链"战"疫"医疗物资捐赠存证公益平台累计为253个捐赠主体（含机构和个人）提供存证服务，涉及捐赠金额2 937.42万元，医用口罩、防护服、护目镜等各类紧缺医疗物资31万余件（套）。

4. 3月23日，中国互联网金融协会会同公认反洗钱师协会（ACAMS），通过网络会议系统举办了"洗钱新风险与反洗钱新应对"公益反洗钱培训宣讲活动。

5. 4月2日，中国互联网金融协会发布《关于参与境外虚拟货币交易平台投机炒作的风险提示》。

6. 4月14日，中国互联网金融协会区块链研究工作组正式发布《中国区块链金融应用与发展研究报告（2020）》。

7. 6月3日，中国互联网金融协会发布首批移动金融客户端应用软件实名备案名单。

8. 6月18日，中国互联网金融协会上线移动金融可信公共服务平台（Mobile Finance Trusted Public Service，MFTPS），以方便广大金融消费者查询、下载并使用安全可信的金融客户端软件。

9. 6月29日，中国互联网金融协会联合新华社瞭望智库编制完成《全球视野下中国金融科技应用与发展》，由中国金融出版社出版发行。

10. 7月10日，中国互联网金融协会召开互联网金融反洗钱专业委员会成立会议暨2020年第一次工作会议。

11. 8月1日，中国互联网金融协会发布《关于防范第三方SDK风险隐患的提示》。

12. 8月28日及9月2日，中国互联网金融协会连续举办两期"民间借贷案件适用法律若干问题最新司法政策解读"线上培训班。

13. 9月7日，财政部、人民银行等七部门联合发布《关于推进会计师事务所函证数字化相关工作的指导意见》（财会〔2020〕13号）。根据文件精神并在监管部门的指导和支持下，中国互联网金融协会协调产学研各方搭建了基于区块链的第三方数字函证平台。

14. 10月25日，中国互联网金融协会发布了《网络小额贷款从业机构反洗钱和反恐怖融资工作指引》。

15. 11月7日，由中国互联网金融协会和世界银行共同支持建设的全球数字金融中心（杭州）在杭州举办数字金融领域监管科技探索与应用研讨会，并正式发布由中心自主研发的数字金融产品创新评估环境（一期）。

16. 11月17日，中国互联网金融协会金融科技发展与研究专委会正式发布《金融业数据要素融合应用研究》。

17. 12月7日，在由国家网信办、国家发展改革委等部委指导主办的2020中国网络诚信大会上，中国互联网金融协会配合中国网络社会组织联合会举办"互联网金融领域诚信建设"论坛并作主旨发言。

18. 12月15日，第四届中国互联网金融论坛在北京市海淀区举办，本届论坛主题为"立足金融为民 弘扬科技向善 面向'十四五'的金融业数字化转型"。

19. 12月24日，中国互联网金融协会金融消费权益保护与教育培训专业委员会正式发布《数字金融消费者权益保护实践与探索》。

行业市场

1. 1月14日，第一批6个金融科技创新监管试点应用向社会公示。

2. 3月24日，香港首家获发牌照的虚拟银行众安银行正式面向全港市民提供服务。

3. 3月30日，上海银保监局发布《关于平安消费金融有限公司开业的批复》。

4. 4月24日，工商银行协助企业成功签发数字信用凭证，并向雄安新区参建企业支付一笔工程款。

5. 4月27日，中国人民银行支持在上海市等6地扩大金融科技创新监管试点，引导持牌金融机构、科技公司申请创新测试，着力提升金融服务实体经济水平。

6. 5月15日，建信金融科技有限责任公司在厦门揭牌成立建信金融科技Big Data中心。

7. 5月29日，重庆银保监局发布《关于重庆小米消费金融有限公司开业的批复》。

8. 7月28日，农银金融科技有限责任公司正式注册成立。

9. 7月30日，成方金融科技有限公司正式成立。

10. 8月7日，清华大学和浦发银行宣布联合成立"清华大学—浦发银行数字金融技术联合研究中心"。

11. 8月25日，交银金融科技有限公司注册成立。

12. 10月10日，重庆国家金融科技认证中心成立会议在重庆举行。

13. 11月8日，招商银行与中国科学技术大学签署共建人工智能联合实验室合作协议。

14. 12月25日，中国人民银行批准朴道征信有限公司个人征信业务许可。

15. 12月26日，中国人民银行等金融管理部门联合约谈蚂蚁集团，督促指导蚂蚁集团深入贯彻党中央、国务院有关精神，进一步规范金融业务经营与发展。

附录2 移动金融客户端应用软件（App）备案总体情况时序表

移动金融客户端应用软件（App）备案总体情况时序表

2020年6月[①]至2020年12月

单位：家、个

数量 项目	2020年6月	2020年7月	2020年8月	2020年9月	2020年10月	2020年11月	2020年12月
注册机构数量	2 354	3 154	3 269	3 452	3 568	3 781	3 932
关联备案的机构数量	751	1 194	1 286	1 355	1 490	1 972	2 316
登记App数量	757	987	1 052	1 188	1 404	1 708	2 032
通过检测认证的App数量	94	103	113	153	191	417	1 056
通过协会综合审核的App数量	86	101	109	163	175	209	911
通过备案App数量	59	97	97	109	163	163	371

① 中国互联网金融协会2020年6月公布首批完成移动金融客户端应用软件实名备案名单。

后 记

《中国互联网金融年报（2021）》在总体结构、写作风格上延续了往年年报的做法，对2020年行业发展情况进行梳理，分析相关风险与挑战，在此基础上对行业未来发展作出展望，同时设有专题专栏，展示互联网金融领域专项研究报告与特色产品。作为一本全面、客观的行业年度报告，不仅适合监管部门和研究机构在日常工作中参考使用，也可为互联网金融从业者、消费者等提供具备专业价值的分析和数据资料。

本年报主要执笔人为：丁洋洋、靳亚茹、陈艳（第一章），付大源、田镧沁（第二章），郭笑雨、葛子川（第三章），方晓月、张维凡（第四章），邬肖玢、季诚诚（第五章），阳硕（第六章），袁磊、祁永、陈鑫（第七章），吕钰涛、陈鑫（专题1），于圆、张赫（专题2），刘燕青、赵鹏辉（专题3），孙胜君、贡晓杰（专题4），陈文韬（专题5），连连银通电子支付有限公司（专题6），王昀、赵坤（附录1），黄琨、葛子川（附录2）。

除上述人员之外，陈丹琪、胡盟、张博、田然、杨祖艳、赵京城、崔新、孙庆美、李槟序、张思源等也参与了本次年报编写工作，在此一并表示感谢。

编委会
2021年10月